Liebesmüh mit alten Eltern

Elisabeth van Hoesel

Liebesmüh mit alten Eltern

*Aus dem Tagebuch
einer guten Tochter*

Kreuz Verlag

Die Originalausgabe ist 1983 unter dem Titel
„Leven je ouders nog?"
im Verlag A. W. Sijthoff's Uitgeversmaatschappij bv
in Amsterdam erschienen.

Aus dem Niederländischen
von Martje Postma und Marie Thérèse Schins

CIP-Kurztitelaufnahme der Deutschen Bibliothek

Hoesel, Elisabeth van:
Liebesmüh mit alten Eltern : aus dem Tagebuch einer
guten Tochter / Elisabeth van Hoesel. [Aus d. Niederländ.
von Martje Postma u. Marie Thérèse Schins]. - 1. Aufl. -
Stuttgart: Kreuz-Verlag, 1987
Einheitssacht.: Leven je ouders nog? ⟨dt.⟩
ISBN 3-7831-0876-4

1. Auflage
© Kreuz Verlag Stuttgart
Umschlaggestaltung: HF Ottmann
Satz: Typobauer, Ostfildern
Druck und Bindung: Wiener Verlag, Himberg

ISBN 3 7831 0876 4

Inhalt

Vorwort

Habe ich meinen Vater gehaßt? Diese Frage könnte sich nach dem Durchlesen dieses Buches stellen. Meine Antwort lautet kurz und knapp: Nein. Obgleich ich zugeben muß, daß es nicht einfach war. Ein Vater, der mich, wenn auch unabsichtlich, immerfort mit Spannungen auflud, der zu wenig Rücksicht auf mich nahm. Der mir außerdem eine Erziehung in strenger Disziplin angedeihen ließ. Dies hätte Haßgefühle auslösen können. Dennoch ist es nicht geschehen. O ja, aufsteigende Gefühle der Bitterkeit übermannten mich manchmal. Vor allem in der letzten Phase. Er trat manchmal so unredlich, ja sogar unmenschlich auf, daß ich in Augenblicken der Verzweiflung dachte, ich könnte ihn umbringen. Diese Aufwallungen überstand ich immer sofort, zum Glück. Danach ging mir wieder alles von der Hand. Ich schleppte Kuchen und Zigarren heran. Ich legte weiterhin kleine Geschenke unter den festlich geschmückten Tannenbaum. Wie ist das zu erklären? War ich so nett? Nein, das war ich nicht. Es war keine echte Freundlichkeit. Meiner Meinung nach ergab sich diese Ausdauer aus einer Mischung von zwei Gefühlen: Mitgefühl und Furcht.

Das Mitgefühl hat mich nie verlassen. Durch alle Schwierigkeiten hindurch machte ich mir immer klar, daß mein Vater es nie leicht hatte. Er war aufgewachsen in einer streng katholischen Familie mit vierzehn Geschwistern. Unter ihnen ein jüngerer Bruder, der in der Schule besser war, der vorgezogen wurde, der ein

Instrument erlernen durfte, wonach er, mein Vater, so schmerzlich verlangte. Danach von zu Hause weggelaufen, aus unverstandener Angst vor dem erhobenen Zeigefinger des Priesters, vor der Drohung mit Hölle und Fegefeuer.

Schließlich wurde er Beamter, doch seine Laufbahn war voller Enttäuschungen. Zu wenig Gehalt, oft überholt von Kollegen, die weniger leisteten als er. Ob letzteres stimmt, weiß ich nicht, er hat es so erlebt und geschildert und war frustriert. Mein Vater war sehr belesen, doch fehlte ihm die Fähigkeit, sein Wissen auf fesselnde Weise zum Ausdruck zu bringen.

Er heiratete meine Mutter. Durch meine Geburt geriet sie in das Elend einer postnatalen Depression. Dies wurde mir erst sehr viel später klar. In Mutters jungen Jahren gab es wohl das Erscheinungsbild, nicht aber den wissenschaftlichen Namen für diesen Zustand. Sie brauchte ungewöhnlich lange, um sich davon zu erholen, und fand dann aus einem passiven Lebensstil nicht mehr heraus. Sie las nie anderes als leichte Unterhaltungsromane und hatte nur Geringschätzung übrig für Vaters philosophische Neigungen. »Du mit deinen hochgeistigen Büchern, dabei kommt doch nichts heraus«, sagte sie oft.

Ihre Unterhaltung kreiste immer nur um zwei Themen, ihre Kindheit und den Tierarzt. Ihre Kindheit hatte ein völlig anderes Gepräge als die meines Vaters. Sie hatte nur eine jüngere Schwester und stammte aus einer Familie, die nur mit einem Wort gekennzeichnet werden kann: kleinbürgerlich. Ihre Familie hatte aber eine gewisse Lebensart, Mut und eine Gewandtheit, die ich bei meiner Mutter leider vermißte. Meine Mutter war vor allem empfänglich für die Melancholie, die den starken

Unterton bildete im Zusammenspiel der Strömungen am Ende des vergangenen Jahrhunderts. Ja, vielleicht nähere ich mich der Wahrheit am meisten, wenn ich Mutters Umwelt als Fin de siècle bezeichne. Ganz besonders mit den dazugehörenden äußeren Merkmalen. So hatte sie schon sehr früh Klavierunterricht. Nicht aus musikalischer Leidenschaft, sondern weil es sich so gehörte, es war eine Frage des Standes.

Mutters zweites Gesprächsthema war der Tierarzt. Zehn Jahre lang hatte sie als Helferin eines renommierten Haager Tierarztes gearbeitet. Davon wußte sie lustige Anekdoten zu erzählen. Außenstehende fanden sie immer sehr amüsant, sie verstanden meine Langeweile nicht. Manchmal versuchte ich Mutter klarzumachen, wie oft sie einiges schon erzählt hatte. Schließlich unterließ ich das, es war zuletzt das einzige Thema, das ein wenig Begeisterung in ihr hervorrufen konnte.

Wenn ich jetzt, Jahre später, diese Dinge alle bedenke, mir meines Vaters nervöse, jähzornige Art und ebenso seine Besessenheit zu lernen vor Augen führe, die sich so wenig entfalten konnte, dann bleibt kein Platz für Wut oder Haß.

Und damit kehre ich zum Anfang zurück. Neben meinem Mitgefühl stand als zweite starke Triebfeder die Furcht. Wie sehr habe ich die gekannt! Nicht selten hatte ich gehört: »Dein Vater mag jetzt schwierig sein, und du erwartest, daß dein Leben ruhiger wird, wenn er nicht mehr ist, aber warte nur! Wenn er stirbt, bleibst du mit deinen Schuldgefühlen zurück, und es wird dich viel härter treffen, als du jetzt für möglich hältst.« Weil es mir an einer objektiven Betrachtung fehlte, dachte ich, die Mahner könnten wohl recht behalten. Und ich litt unter Angstzuständen, die mich mitten in der Nacht aufschrecken ließen.

Sie haben nicht recht behalten. Nach dem Tode meines Vaters waren die Schuldgefühle und die Angstzustände verschwunden, es blieb nur das Gefühl der Befreiung und das Empfinden, endlich wieder mir selbst zu gehören.

Das Jahr 1976 beginnt

Die von Jahr zu Jahr wachsende Beklemmung des traditionellen Neujahrstages ist mit Worten fast nicht zu erfassen. Und doch sieht alles so normal aus. Nach unserem Klingeln öffnet mein Vater die Tür. Trotz der wachsenden Zahl der Jahre bleibt er schlank, seine Gesichtsfarbe rosig. Aber seine Schritte werden schleppend, die Bewegungen unsicher.

Im Wohnzimmer finden wir Mutter in einer besorgt anmutenden Betriebsamkeit. Sie hält kurz inne, um unsere Glückwünsche zum neuen Jahr in Empfang zu nehmen. Dann fährt sie fort mit ihren umständlichen Vorbereitungen. Das umständliche Suchen der Handschuhe. Halstuch umlegen und befestigen. Gewissenhaft den Hut aufsetzen, vor dem Spiegel. Den Mantel erst abbürsten, dann anziehen. Wir begeben uns nach draußen. Die Haustür wird mit größtmöglicher Sorgfalt zweimal abgeschlossen.

Wir gehen zum Wagen. Neben Vater in seiner Länge sieht Mutter durch ihre leicht gebeugte Haltung kleiner aus, als sie in Wirklichkeit ist. Ihr mühsamer Schritt kommt abrupt zum Stillstand. Vater hält sie mit einer Hand zurück.

»Hast du den Gashahn zugedreht?«

»Aber ja doch. Du warst doch selber dabei.«

»Ist die Tür zum Garten abgeschlossen?«

Mit einer ungeduldigen Bewegung schiebt sie seine Hand beiseite. »Ja doch. Geh' ruhig weiter jetzt. Schau, Hans steht schon und wartet.«

Einsteigen. Das zweite Bein an Bord ziehen. Sich umsehen. »Ist die Tür abgeschlossen?«

»Jahah!«

Sind wir bei uns angekommen, wiederholt sich das Ritual in umgekehrter Reihenfolge. Hut auf die Garderobe. Mantel an die Garderobe. Halstuch über den Mantel. Handschuhe neben den Hut. All die kleinen, so selbstverständlichen Gebärden heischen ihre größte Aufmerksamkeit.

Beim Betreten des Zimmers kleine Überraschungsrufe, die gleichen wie in jedem Jahr.

»Oh, die herrlichen Berliner! Die werden aber schmekken.«

Tee kochen. Berliner aufwärmen. Servietten austeilen. Sich unterhalten. Worüber? Erinnerungen. Fossilien. Eine versteinerte Gedankenwelt, losgelöst von der Gegenwart.

Später, am festlich gedeckten Tisch, ißt Mutter mit viel Appetit. Sie tut sich ein zweites Mal auf. Vater ißt wenig, liefert jedoch viele Anmerkungen. Nachdem er mit vorsichtiger Präzision einen Bissen vom Fleisch geschnitten hat, sagt er: »Das Fleisch hätte saftiger sein können, ja.«

Nach einigen Bissen: »Na, diese Kartoffeln sind keine von hier. Bei uns zu Hause gibt's bessere.«

Er prüft das Gemüse. »Weißt du, daß du das zu gar gekocht hast? Das tötet die Vitamine, hast du das noch nie gelesen? Na ja«, fügt er dann begütigend hinzu, »das sind nur kleine, unbedeutende Bemerkungen, weißt du.«

Mutter stößt ihn an, schüttelt den Kopf. »Iß doch weiter. Sie hat sich doch Mühe gegeben! Du mußt immer was zu meckern haben.«

Nach dem Essen wird der Fernseher angeschaltet. Vater

kann schlecht verstehen. Er fummelt an seinem Hörgerät, aber es hilft nicht. Mutter schläft ein. Als ich sie wecke für ihren Kaffee, sagt sie entschuldigend: »Ich kann all das Wackeln vor meinen Augen so schlecht ertragen...«

Wir bringen sie nach Hause, sie überschütten uns mit Dankesworten. Auf ihre eigene, vertraute Weise. Es gibt nicht den geringsten Unterschied zu den Jahren davor.

Ehre deinen Vater

Eine spontane Reaktion wandelt sich allmählich in ein drückendes Joch der Kinderliebe.

Vater wird pensioniert. Er ist den ganzen Tag zu Hause. Langweilt sich. Zögernd fragt er einmal: »Du, hättest du etwas dagegen, wenn ich am Vormittag kurz vorbeikomme? Ich bleibe nicht lange. Ich halte dich nicht auf. Aber dann habe ich wenigstens ein Ziel. Schöner Spaziergang, kurze Unterhaltung.«

»Aber nein, überhaupt kein Problem. Ich finde das prima. Kaffee trinke ich sowieso, und das können wir genausogut zusammen tun.«

So fängt es an. So einfach geht das.

Vater kommt. Jeden Tag. Jahrein, jahraus. Fröhlich oder mutlos. Gesprächig oder schweigsam. Energisch oder abgespannt. Wir feiern den siebzigsten Geburtstag. Beim Abschied: »Dann also bis morgen.«

Manchmal wird es mir zuviel. Dann versuche ich zu erklären: »Es wäre mir lieb, wenn du ab und zu einen Morgen auslassen könntest. Ich würde gerne selber irgendwo einen Kaffee trinken gehen, bei einer Freundin oder so.«

Dann sieht er mich an wie ein geschlagener Hund. Den Mund mutlos geöffnet. Tief enttäuscht.

»Ja, wenn ich dir im Wege bin. Was soll ich denn an dem Morgen machen? Ich bleibe doch nie lange?«

Dann denkt man: Ach, ein Mann in dem Alter. Laß ihn nur ... Er wird achtzig. Das Gehen fällt ihm schwerer. Sein Gedächtnis läßt nach. Die Taubheit nimmt zu. Die

Anzahl der Beschwerden wächst, sie kommen jeden Morgen mit. Mutter wird vergeßlich. Sie fängt an, den Haushalt zu vernachlässigen. Ihr Bein macht ihr Kummer. Sie mag nicht mehr einkaufen gehen.

»Aber ich bin ein Mann und über achtzig. Ich kann doch auch nicht alles alleine schaffen.«

Ich gieße Kaffee nach. Gebe ihm eine Zigarre. Höre zu. Rate. Ermutige. Mit lauter werdender Stimme, das Hörgerät scheint nicht gut zu funktionieren. Oder geht er nicht richtig damit um?

»Ich weiß nicht, wie das alles weitergehen soll. Weißt du es?«

Nein, ich weiß es auch nicht. Mit einem Seufzer der Erleichterung helfe ich ihm in den Mantel. Ich begleite ihn bis zur Straße. Dort dreht er sich noch einmal zu mir um.

»Weißt du, was am besten ist für einen Menschen? Ein Platz auf dem Friedhof. Ich freue mich darauf, dort zu liegen. Dann ist alles vorbei.«

Donnerstagnachmittag

Der Donnerstagnachmittag gehört Mutter. All die Jahre hindurch. Er wird zu einem der letzten Eckpfeiler in ihrem bruchstückhaften Dasein. Manchmal bringe ich Kuchen mit. Dann wieder Zigarren für Vater, oder auch eine Zeitschrift. Es herrscht eine Art farbloser Gemütlichkeit.

In dem kleinen Wohnzimmer, für das seit Jahren nichts Neues mehr angeschafft werden darf, steht noch eine Erinnerung an vergangene, glorreiche Zeiten: das Klavier. Die schwarze Politur ist an vielen Stellen beschädigt. Es ist schlecht gestimmt, fast einen ganzen Ton gesunken. Mutter spielt so gut wie niemals mehr darauf, dennoch darf das Ungetüm nicht aus dem Haus verschwinden. Obenauf liegt ein verblichener Läufer, bedeckt von einem Sammelsurium alltäglicher Gebrauchsgegenstände: Brillenetuis. Briefständer. Töpfe und Fläschchen mit Medizin. Plastikschachteln mit Batterien für das Hörgerät. Weiter befinden sich im Zimmer ausschließlich alte Möbel, verblichene Tapeten. Vor dem Ofen noch immer eine kleine, lose Brücke, die den schäbigen Teppich darunter schützen soll. Eine Atmosphäre, die trübsinnig stimmt.

Ich betrete das Zimmer. Mutter sitzt in ihrer Ecke, mit bedrücktem Gesicht.

»O Kind, dein Vater ist wieder so schwierig.«

Vater schiebt sich bis auf den Stuhlrand vor. Spricht mit zornigen Gebärden.

»Ja, jetzt nennt sie mich schwierig. Aber weißt du, was

sie am liebsten möchte? Daß wir die ganze Nacht die Gasheizung brennen lassen. Ist das nicht fürchterlich übertrieben? Denn nachts liegen wir sowieso unter warmen Decken, und diese Hitze ist gar nicht einmal gut für schlafende Menschen. «

Auch Mutter sitzt jetzt vorne auf ihrem Stuhl. Sie bedeutet Vater mit der Hand, daß er schweigen soll.

»Nein, nein, jetzt hör mir doch erst einmal zu. Ich meine ja auch gar nicht, daß die Heizung die ganze Nacht auf großer Flamme an sein soll. Aber kleingedreht. Das geht doch mit einer Gasheizung, das gab es doch früher nicht. Aber wenn wir jetzt aufstehen, dann ist das Zimmer so eiskalt, und das ist doch so unangenehm. «

Vater fällt ihr lauthals ins Wort.

»Das kommt ja nur daher, daß du dich so verwöhnt hast. Du kannst gar nichts mehr ertragen. «

Sie schauen mich beide drängend an. Sie erwarten von mir einen salomonischen Spruch. Ich versuche, sie zu besänftigen und zu beruhigen. Sage, daß eine kleine Flamme vielleicht ganz vernünftig ist. Sie werden ja schließlich nicht jünger.

Als ich glaube, daß die Stimmung ein wenig besser geworden ist, schweigt mein Vater eine Weile, zieht an seiner Zigarre und schaut der Rauchwolke stirnrunzelnd nach. Dann beugt er sich zu mir.

»Du, deine Nachbarn ... «

»Was ist mit ihnen? «

»Deine Nachbarn glauben bestimmt, daß du dir nichts aus deinen Eltern machst. «

»Was bringt dich denn darauf? «

»Na, sie sehen uns ja so gut wie nie. «

Ich bin so entsetzt, daß ich einige Sekunden nicht sprechen kann. Aber dann überschlagen sich meine Worte.

»Ich weiß nicht, wie du das im Ernst sagen kannst. Erstens kommst du jeden Morgen zum Kaffeetrinken. Außerdem werden alle Feiertage seit Jahren bei uns gefeiert, weil es Mutter zuviel wird mit all den Vorbereitungen. Neujahrstag, Ostern, Pfingsten, Nikolaus, Weihnachten, Vatertag, Muttertag, die Geburtstage, an allen freien Tagen seid ihr bei uns, eßt ihr bei uns, und jetzt sagst du im Ernst ...«

Er unterbricht mich.

»Ja, ja, ich weiß Bescheid. Aus deinem Ton höre ich heraus, daß dir das alles zuviel ist. Aber wie möchtest du es denn haben? Sollen deine Eltern an all diesen Tagen allein bleiben?«

»Nein, selbstverständlich nicht. Aber ich finde es nicht angebracht, zu sagen, daß ihr nie bei uns seid.«

»Ich verstehe schon genug aus dem Ton, mit dem du das sagst. Ich weiß, was mir zu tun bleibt. Vorläufig komme ich nicht mehr zu euch. Und an den Feiertagen werden wir euch auch nicht mehr belästigen.«

Schweigen. Ich sehe Mutter an, ihre Lippen zittern.

»Aber, aber, das hat Lieschen bestimmt nicht so gemeint.«

»Was das Lieschen meint oder nicht meint, damit habe ich nichts zu tun. Ich geh' vorläufig nicht mehr hin und damit basta.«

Jetzt weint Mutter.

Ich rede, rede und rede. Versuche zu beschwichtigen, zu überzeugen, zu versöhnen. Der Erfolg ist, daß Vater wieder ab und zu kommen will, zum Morgenkaffee.

Beim Abschied versuche ich einen scherzhaften Gruß an Mutter zu richten. Sie lacht nicht. Ihr Blick bleibt traurig.

Zerbrochene Scheibe

Kleine Unfälle bleiben nicht aus. Eines Abends ruft Vater an, Panik klingt in seiner Stimme.

»Es ist eine Scheibe zerbrochen. In unserem Schlafzimmer. Wie soll das nur werden? Wir können doch nicht hier sitzen mit einer kaputten Scheibe?«

»Nein, natürlich nicht. Kannst du nicht ein Stück Pappe dagegen machen? Ich rufe einen Glaser an.«

Nach einigen Telefongesprächen kann ich Vater zurückrufen mit der beruhigenden Mitteilung, daß die Scheibe am nächsten Morgen ersetzt wird.

»Ihr könnt ruhig schlafen. Er kommt morgen.«

Am nächsten Morgen geht um neun Uhr das Telefon. Vater ist am Apparat, seine Stimme ist erregt.

»Du, der Glaser sollte doch heute kommen, aber keine Spur. Warum lassen die uns jetzt so hängen?«

»Ja, aber es ist doch erst neun! Der Tag ist noch lang, nun wartet doch erst 'mal ab.«

»Na gut, ich sehe es noch einen Moment an.«

Um zehn klingelt das Telefon. Meine Mutter ist dran.

»Jetzt ist der Glaser noch nicht da. Verstehst du so etwas? Und dein Vater regt sich so fürchterlich auf. Er sagt, wir hätten doch nicht mehr das Alter, daß wir hier herumsitzen können mit einer kaputten Scheibe.«

»Aber, Mutter, es ist doch erst zehn. Es ist doch noch alles drin. Der Glaser kommt bestimmt noch.«

»Gut, Kind, wenn du meinst. Ich hoffe es.«

Um elf läutet das Telefon erneut, wieder Mutter.

»Kind, dein Vater ist am Ende. Er sagt, heute ist niemandem mehr zu trauen. Und ich werde auch so nervös dabei. Was rätst du mir nur?«

Noch einmal versuche ich sie zu überzeugen, daß der Glaser bestimmt kommt.

Um halb zwölf kommt der erlösende Anruf. Mutter.

»Ja, du. Der Glaser ist da. Zum Glück. Gottseidank.«

Die Ruhe ist wiedergekehrt.

Reinemachen

Vater kommt nicht mehr jeden Tag zum Kaffeeplausch. Es wird ihm zu anstrengend. Aber werden auch die Besuche weniger, die Klagen werden vielfältiger. Vor allem solche über Mutter häufen sich.

»Sie ist jeden Morgen so hinfällig, wenn sie aufsteht. Du machst dir keine Vorstellung. Dann sitzt sie so lustlos da. An manchen Tagen kocht sie nicht einmal mehr.«

Ein andermal macht ihm das Wohnzimmer große Sorgen.

»Weißt du, daß sie gar nicht mehr staubsaugt? Alles sieht aus, schlimm. Kannst du nicht einmal zum Staubsaugen kommen?«

Außerdem gibt es Auseinandersetzungen über die Frage, ob der Arzt kommen soll oder nicht.

»Ihr Bein macht ihr immer mehr Kummer. Dann soll sie doch den Arzt anrufen, finde ich. Aber wenn ich davon anfange, macht sie gleich ein Riesenspektakel. Was soll ich nur machen?«

Ich weiß keine Lösung. Aber auf seine Bitte hin komme ich einen Nachmittag zum Saubermachen. Mutter sperrt sich.

»Ach nein, Kind, dein Vater nimmt immer alles so schwer. Stimmt, mir ging es ein Weilchen nicht so gut, aber nächste Woche nehme ich das Wohnzimmer wieder einmal richtig dran. Wenn du kommst, dann will ich mich gerne mit dir unterhalten. Und dann sollst du hier nicht herumlaufen und wirbeln, das mag ich gar nicht. Bist du nicht gescheit.«

Aber ich setze mich durch. Und falle von einem Staunen in das andere. Ich habe mein Lebtag noch nicht soviel Staub auf einem Haufen gesehen. Vor allem in den Ecken liegt er, fast kniehoch. Hinter den Gardinen stapelt er sich. Wenn ich eine Gardine beiseite ziehe, entsteht eine Art Gewebe, ein hauchdünnes, graues, muffiges Gewebe aus Staub. Hinter dem Ofen und dem Klavier liegt eine kompakte Masse, durchsetzt mit Spinngeweben. Ich nehme ein Staubtuch zur Hand, ein endloses Hin und Her zum Garten wird daraus. Ich bringe jedes Mal richtige Wolken hervor. Auf wenig gelesenen Büchern liegt ein Läufer. Ich schütte ihn aus und spüre, wie mein Atem blockiert wird. Oben auf den Schränken und den Lampen liegt eine solche Staubschicht, daß ein fettiger Eindruck entsteht.

Nach Abschluß dieser Aktion verspreche ich, noch einmal zu kommen, um die Küche sauberzumachen. Aber ehe es dazu kommt, geschehen andere Dinge.

Der Monat Mai

Es wird ein voller Monat, dieser Mai. Zuerst kommt Muttertag.

Mutter liegt im Bett, Vater ist nervös, das Haus ist unaufgeräumt. Wir gehen schon früh zu ihnen, für Mutter haben wir ein paar kleine Geschenke. Sie betrachtet sie kaum, wiederholt häufig, wie elend sie sich fühlt. In der Küche herrscht das schiere Chaos. Töpfe, Teller, Schüsseln, alles ist mit Essensresten verklebt. Während ich mich ans Wegräumen mache, kommt mein Vater in die Küche, um mir auf die Finger zu sehen. Auf einem Gaskocher steht ein Topf mit Sodawasser, ich versuche ihn auf kleiner Flamme sauberzuweichen.

»Warum steht der Topf denn dort?«

Ich erkläre es ihm.

»Ja, aber das ist doch Gasverschwendung. Das macht deine Mutter nie. Die macht alles immer einfach sauber, beim Geschirrspülen.«

»Ja, normalerweise mache ich das auch so. Aber dieser Topf ist so verklebt mit angebrannten Resten, daß es beim normalen Abwasch nicht abgeht.«

»Ach, du bist eben keine Hausfrau. Das ist alles.«

Nachdem ich die Küche einigermaßen in Schuß gebracht habe, fange ich mit dem Kochen an. Ich höre Vaters schleppende Schritte herbeikommen. Er beugt sich über einen Topf mit Sauce.

»Das machst du nicht richtig. Du drehst die Gasflamme zu hoch. Dieses mußt du auf ganz kleiner Flamme heiß machen, sonst verliert sich der Geschmack.«

Ich schiebe eine Asbestplatte zwischen Topf und Flamme.

»Gut so?«

»Mhm. Was ist das für Gemüse?«

»Endivien in Rahmsauce. Kommt aus dem Tiefkühlfach. Das braucht man nur aufzuwärmen. Das erspart eine Menge Arbeit.«

»Das ist es, was ich nicht verstehe an dir. Daß du zu faul bist, das bißchen Gemüse zu waschen und zu schneiden. Na, ich kann's kaum erwarten, daß deine Mutter wieder gesund wird. Dann essen wir wieder normal.«

Ich decke den Tisch, lege vor Mutter eine Serviette auf das Deckbett. Sobald ich das Essen aufgetragen habe, steht Vater wieder vom Tisch auf. Er hat keinen Appetit. Er fühlt sich nicht wohl und schluckt eine Magentablette.

Mutter ißt ein wenig. Sie lobt den guten Geschmack der Endivien.

Hans und ich waschen gemeinsam ab. Wir kochen Kaffee, aber nur Mutter möchte eine kleine Tasse, mit sehr viel Milch.

Wir verabschieden uns mit vielen guten Wünschen. Die Muttertagstorte packen wir wieder ein. Wir nehmen sie mit nach Hause, denn keiner will sie jetzt probieren.

Am Tag darauf ist Vater schon früh am Telefon.

»Deine Mutter hat ein offenes Bein. Das hat sie mir immer verschwiegen, aber jetzt ist es so schlimm, daß sie nicht mehr darauf stehen kann. Und unser eigener Hausarzt ist im Urlaub, zu seinem Vertreter will sie nicht. Was sollen wir nur anfangen?«

Ich höre undeutliche Geräusche, Stimmengewirr, und dann ist Mutter am Apparat.

»Ja Kind, ich bin's. Dein Vater muß auch immer übertreiben. Mein Bein? Ja, das ist offen. Aber darüber
brauchen wir doch nicht gleich einen solchen Aufstand
zu machen. Ich kann doch genausogut warten, bis unser
Arzt wieder da ist.«

Im Hintergrund höre ich Vaters Stimme, er schreit.
Dann wieder Mutters leise Stimme.

»Könntest du nicht gleich einmal vorbeikommen?
Nicht, weil es nötig ist, oder so, aber vielleicht beruhigt
er sich dann ein bißchen.«

Eine halbe Stunde später sitze ich bei ihnen im unaufge-
räumten Zimmer. Mutter hat ihr Bein ausgestreckt auf
einem Hocker liegen. Vater geht auf und ab. Er spricht in
einem fort, immer schneller, immer lauter.

»Deine Mutter geht ja nicht zum Arzt. Und weißt du,
was daran so schlimm ist? Sie weiß genau, was ich alles
verkehrt gemacht habe. Sie wirft mir Dinge vor, die
Jahre zurückliegen. Dann sage ich: ›Du, laß das doch
jetzt ruhen, was soll das denn im Moment noch bringen?
Was jetzt allein wichtig ist, das ist, daß du zu einem Arzt
gehst. Denn so wird dies niemals gut.‹ Und da weigert sie
sich einfach.«

Ich schenke Kaffee ein. Vater setzt sich und trinkt
zornig kleine Schlückchen. Mutter spricht fast übertrieben ruhig.

»Ich gehe Mittwoch zum Arzt. Das verspreche ich.«

Der Mittwoch kommt, ich bekomme schon früh einen
Anruf. Zögernd erzählt Vater, daß Mutter im Bett liegt.
Ihr geht es ganz schlecht, sie fühlt sich niedergeschlagen.
Mir ist klar, daß ich etwas unternehmen muß. Ich rufe
den Arzt an, dann die Altenpflege.

Die Antwort des Arztes ist für mich erschreckend.

»Ja, ich weiß genau, daß es Ihrer Mutter nicht gutgeht. Sie braucht ganz dringend Hilfe. Aber sehen Sie, wenn sie sich von mir nicht helfen lassen will, dann gehe ich wieder. Ich bin einige Male vergeblich gekommen, und ich frage mich, ob es sinnvoll ist, wenn ich jetzt hingehe. Daß Sie mich anrufen, bedeutet, daß sie selber noch immer nicht dazu bereit ist, sich helfen zu lassen. «

»Ja, aber, Herr Doktor, ich glaube, daß die Situation sich jetzt verändert hat. Meine beiden Eltern sind irgend- wie in Panik geraten, sie haben mich beide gebeten, Sie anzurufen. «

»Na gut, ich gehe heute nachmittag zu ihnen. «

Das Gespräch mit der Dame von der Altenpflegestation verläuft glatt, sie gibt Antworten, die routiniert wirken. Meine Eltern benötigen eine Altenpflegerin. Erst wird jemand sie besuchen, um sich vorzustellen.

Am späten Nachmittag ruft Mutter wieder bei mir an.

»Ja, Kind, der Doktor war hier. Er hat mir Medika- mente gegeben. Ich darf aufstehen, hat der Doktor ge- sagt. Im Bett bleiben ist nicht gut. Ich habe schon abge- waschen, alles ist in Ordnung. Du brauchst aber nicht bei der Altenpflege anzurufen. Was so eine Hilfe tut, das kann ich schon lange selber. «

»Aber, Mutter, bist du nicht ein wenig zu optimistisch? Dir geht's doch öfter nicht gut? «

»Ach nein, Kind, es läuft wirklich alles ganz gut, glaube mir. Was ist schon ein bißchen Haushalt in diesem kleinen Haus? Dein Vater kauft ein, die Wäscherei holt die Sachen ab, das bißchen Staubsaugen schaffe ich schon noch. Das wäre doch gelacht. «

Die Altenpflegerin

Am nächsten Tag, Donnerstag, mache ich meinen wöchentlichen Besuch. Glücklicher Zufall: Die Altenpflegerin der staatlichen Fürsorge kommt, um sich vorzustellen. Sie heißt Frau Dogor. Eine junge Frau, aktiv und energisch. Sie spricht freundlich, ihr Geschick verrät, daß sie Erfahrung hat mit alten Menschen. Sie erklärt, welche Aufgaben sie erledigen wird. Vor allen Dingen beruhigt sie.

»Wenn es kalt ist oder wenn es geschneit hat, brauchen Sie gar nicht auf die Straße zu gehen. Ich komme dreimal in der Woche, also kann ich immer ausreichend einkaufen.«

Sie erzählt auch von ihrer kleinen Tochter. Das Kind ist sechs Jahre alt und besucht ganz in der Nähe die Schule. Das paßt ausgezeichnet.

»Denn so kann ich, wenn ich fertig bin, sofort weiter zur Schule, um sie abzuholen. Sie so ganz allein über diese belebten Straßen gehen zu lassen, finde ich doch noch zu gefährlich für das kleine Ding, verstehen Sie?«

Man versteht ausgezeichnet. Vaters Gesicht entspannt sich. Auch Mutter scheint zufrieden über den Gang der Dinge. Frau Dogor kann sogar schon am nächsten Tag, Freitag also, mit der Arbeit anfangen. Dankbar wird ihr Angebot angenommen.

Zwei Tage später, es ist Samstag, Vater kommt auf einen Kaffee vorbei. Meine Fragen zur Gesundheit werden ausweichend beantwortet. Er trinkt noch einen Schluck Kaffee. Schüttelt den Kopf und reibt sein Kinn.

»Ja, es geht uns beiden besser. Aber, ääh . . . «

»Was ist denn? «

»Diese Hilfe von der Fürsorge, nicht? Die war da. Und deine Mutter ist nicht zufrieden mit ihr. Mutter sagt, das bringt gar nichts. «

»Wieso? Ist sie faul? Hat sie etwas falsch gemacht? «

»Ja, hör mal, das kann ich nicht alles so genau erklären. Warum kommt ihr nicht kurz mit mir nach Hause, dann kann Mutter es euch selbst erklären. «

Eine knappe Stunde später hören wir Mutters Bericht über die Ereignisse.

»Nein, wirklich, das geht nicht so. Das habe ich längst begriffen. Was glaubst du, hat sie gemacht? Sie war beim Abwaschen, sah auf die Uhr und merkte, daß es Zeit wurde, ihre Tochter von der Schule zu holen. Da ist sie einfach gegangen. Die Schüssel mit dem Spülwasser ließ sie einfach so auf der Spüle stehen. Mit der Bürste noch drin. «

»Aber den Abwasch hatte sie erledigt? «

»Ja. Na ja, es war ja auch fast nichts. Aber aufgeräumt hatte sie überhaupt nicht. Kaffee eingießen kann sie auch nicht. Ich lag im Bett, und dort bekam ich meinen Kaffee. Die Tasse war zu voll, die Untertasse war voll, scheußlich war das. Da habe ich die Tasse und die Untertasse vor das Bett gehalten, um das Bettzeug nicht zu beklekkern, aber wer soll so Kaffee trinken? Wenn jemand noch nicht einmal ordentlich Kaffee einschenken kann, wie soll das eine Hilfe sein? «

Vater nickt voller Einverständnis.

»Deine Mutter hat völlig recht. Wenn sie uns keine Hausfrau mit Erfahrung schicken, nur so'n junges Ding, brauchen wir keinen. Montag rufe ich an, um Bescheid zu sagen, daß wir keine Hilfe benötigen. «

Ich rege mich ein wenig auf.

»Ist das vernünftig? Mutter muß ihr Bein doch schonen, und oft geht es ihr doch nicht so gut! Die junge Frau muß sich doch auch erst eingewöhnen. Ihr solltet ihr doch erst einmal eine Chance geben.«

Mutter schüttelt den Kopf. Vater hat offenbar Verständigungsschwierigkeiten, er hantiert an seinem Hörgerät.

Hans, mit seiner ruhigen Stimme, nennt Gründe, weswegen es sinnvoll ist, es erst noch einmal zu versuchen. Er erklärt, daß es im Alter zunehmend schwieriger wird, alles allein weiterzumachen. Daß gerade diese Altenpfleger dafür sorgen können, daß ältere Menschen länger in ihrem eigenen Haus bleiben können. Daß sie deswegen nicht in ein Altersheim müssen. Er fährt fort, im gleichen ruhigen Ton:

»Wer Hilfe ausschlägt, geht auch Risiken ein. Das Risiko, daß kein Essen da ist. Das Risiko, nicht Herr zu werden über den Schmutz.«

An dieser Stelle unterbricht Vater ihn jähzornig.

»Sieh mal, Hans, wie wir unseren Haushalt regeln, das ist unsere Angelegenheit. Wenn ich keine fremde Einmischung wünsche, dann ist es überflüssig, daß du mir erzählst, wie verkehrt das ist. Ich sage dir, dieses Kind, das sie uns schicken, ist nutzlos für uns.«

Er spricht aufgeregt, stolpert über seine Worte. Mutter legt ihm die Hand auf den Arm, bringt ihn zum Schweigen.

»Ja, siehst du, dein Vater regt sich zu sehr auf, er übertreibt auch ein bißchen mit seinem Ärger, aber recht hat er, das bestimmt.«

Hans und ich sehen uns an. Hans macht einen neuen Versuch. Er wird konkret mit seinen Beispielen.

»Wenn der Winter kommt, wenn es friert und Glatteis

gibt, wer soll denn dann Essen kaufen gehen? Wenn ihre Arbeit auch nicht ganz zufriedenstellend ist, solltet ihr sie vielleicht allein schon zum Einholen behalten.«

Vater steht auf, sucht sich eine Zigarre aus seiner Zigarrenkiste auf dem Klavier. Er setzt sich wieder. Macht mit langsamen Bewegungen die Zigarre an. Er sieht uns abwechselnd an. Vor allem Mutter. Dann kommen seine Worte plötzlich überraschend ruhig.

»Ja, ich muß sagen, wenn ich mir das alles so anhöre, hat Hans doch Argumente, von denen ich sagen muß, irgendwie stimmen sie.«

Er sieht Mutter noch einmal an.

»Vielleicht ist es doch vernünftiger, es noch ein Weilchen mit dieser jungen Frau zu probieren.«

Mutter zieht die Schultern hoch.

»Ja, hör mal, wenn du deine Meinung auf einmal änderst, dann weiß ich auch nicht.«

Sie schaut aus dem Fenster und schweigt in eindeutiger Absicht.

Zwei Tage sind vergangen, mein Vater ist am Telefon.

»Du, die Hilfe von der Fürsorge, weißt du noch? Die bestelle ich jetzt ab. Deine Mutter hatte ja doch recht. Heute morgen war sie wieder hier. Na, wenn man sich diese Murkserei ansieht, das sieht nach gar nichts aus. Ich sag's dir nur, damit du Bescheid weißt.«

Ich reagiere kaum. Nachdem er aufgelegt hat, rufe ich bei der Fürsorgestelle an. Eine sehr überraschte Dame antwortet mir.

»Ja, mit Ihren Eltern ist es wirklich seltsam. Ich war bei ihnen. Ich habe auch den Eindruck, daß Hilfe dort wirklich geboten ist. Ich habe versucht, was ich nur konnte, aber soeben hat Ihr Vater bei mir angerufen. Er möchte nicht mehr, daß Frau Dogor zu ihnen kommt.

Nun habe ich Ihrem Vater gesagt, daß die Absagefrist eine Woche beträgt. Nach einer Woche müssen wir noch einmal beraten. Fürs erste können wir nichts anderes tun als abwarten.«

Das Ganze erreicht seinen Höhepunkt am Donnerstagnachmittag, während meines wöchentlichen Besuches. Optimistisch stelle ich ein Kuchenpaket auf den Tisch. Ihre Haltung löst ein Gefühl in mir aus, als hätte ich an einem falschen Datum festlich dekoriert. Beide sitzen stramm und steif auf ihrem Stuhl. Vater rückt ein wenig nach vorn.

» Jetzt wirst du mir einmal genau zuhören. Mir hängt es langsam zum Halse heraus, daß du und jedermann sich in unseren Haushalt einmischen will. Was vernünftig ist und was nicht, das laß mal meine Sorge sein. Das braucht keiner mir zu sagen. Und daß du und dieser Mann von dir hier zusammen herkommen, um uns die Leviten zu lesen, das finde ich unerhört und das nehme ich nicht mehr so hin.«

Seine Stimme schwillt an, er wird immer schneller, sein Gesicht rötet sich.

»Und eure sogenannte Besorgnis, das ist nicht der Kern der Sache, ich durchschaue euch doch. Es geht euch doch gar nicht um uns, es geht euch um unser Haus und unsere Möbel. Ihr habt ja einfach nur Angst, daß der Wert des Ganzen abnimmt, wenn alles nicht gut unterhalten wird. Das ist eure wirkliche Sorge.«

Sein Reden ist Schreien geworden, die Worte überschlagen sich, in seinem Zorn stößt er einen Aschenbecher vom Tisch, der glanzlose Teppich liegt voller Asche und Zigarrenkippen. Ich hole aus der Küche einen Handfeger und Kehrblech, um sauberzumachen. Vater tobt weiter, beachtet mich nicht, sieht Mutter nicht an, zetert nur immerzu. Über dieses Luxusweibchen, das nur kommt, um sich einen schönen Tag zu machen, und dafür noch Geld bekommt. Über die Art, wie alle Leute sich in die Angelegenheiten älterer Mitbürger mischen. Mir ist klar, daß diese Art Aufregung nicht gerade gut für ihn sein kann. Hilflos setze ich mich wieder auf den Hocker neben ihm. In dem Augenblick, wo ich befürchte, es könnte sein letzter werden, hält er inne. Sein Atem geht keuchend. Er steht auf, geht in die Küche, trinkt Wasser. Ich sehe meine Mutter an. Sie sagt nichts außer: »Na sowas.« Dann schließt sie verbissen ihren Mund.

Vater kommt aus der Küche zurück. Er setzt sich in seinen Stuhl, schweigt eine lange Weile.

Nach einigen Minuten Totenstille beginne ich den Kuchen auszupacken. Mutter ißt mit viel Appetit. Vater dankt. Ihm ist schlecht.

Unerwartet fällt der Streitpunkt in sich zusammen. Denn schon am nächsten Freitag erhalte ich einen Anruf von der heftig umstrittenen Person selber.

»Hier ist Frau Dogor am Apparat. Ich bin die Helferin, die Ihren Eltern von der Altenpflege geschickt wurde, erinnern Sie sich?«

»Zweifellos, ich weiß genau Bescheid. Gibt es Schwierigkeiten?«

»Ja, ich glaube schon. Ihre Mutter liegt im Bett. Ihr Bein ist wieder offen, es tut sehr weh, sagt sie. Sie ist auch ziemlich deprimiert. Und Ihr Vater hat sich so erschrokken, er sitzt nur auf seinem Stuhl und starrt vor sich hin. Da muß ich Ihnen doch Bescheid geben?«

»Selbstverständlich. Dann sollte ich doch lieber den Arzt anrufen. Und wie geht es sonst, ich meine, wie reagieren meine Eltern auf Ihre Arbeit?«

»Oh, Frau van Hoesel, das ist manchmal richtig

schlimm. Vor allem letzten Mittwoch. Da durfte ich überhaupt nichts für Ihre Eltern erledigen. Ich bekam einen Kaffee angeboten. Aber beide erzählten sie mir, wie überflüssig ich sei. Ihre Mutter hatte selber staubgewischt, Ihr Vater hatte schon eingekauft, und die Küche durfte ich gar nicht erst betreten. Das ist ganz schön schwer, das können Sie sich denken. Dann sitze ich den ganzen Morgen nur herum. Und dann herrscht eine solch gespannte Atmosphäre, das kann ich kaum ertragen. Denn ich möchte doch wirklich gern etwas für sie tun, verstehen Sie?«

So bleibt Frau Dogor also. Sie bleibt siebzehn lange Monate hindurch.

Sorgen

Siebzehn Monate sind eine lange Zeit. Es gibt Höhen und Tiefen. Mehr Tiefen als Höhen. Abgesehen von einigen kleineren Konflikten wird Frau Dogor aber allmählich akzeptiert.

Mutters Bein wird nicht besser, im Gegenteil. Ohne Schmerzen kann sie nicht darauf stehen. Täglich muß eine Krankenschwester kommen, das Versorgen der Wunde wird zu schwer. Kochen wird ihr fast unmöglich. Auch dafür müssen wir eine Regelung finden. Wir entschließen uns, dreimal wöchentlich »Essen auf Rädern« zu bestellen. Es bleibt bei zweimaliger Lieferung. Vaters Kommentar ist kurz:

»Schweinefraß.« Also bestellen wir's ab.

So fühle ich mich dazu verpflichtet, etliche Male in der Woche kochen zu kommen, eine Last. Vater besteht auf widerlichen Kartoffeln, die entweder nicht gar oder zu einer breiigen Pampe werden. Bintjes darf ich auf keinen Fall mitbringen, obwohl ich in unserem Haushalt nicht die geringsten Probleme damit habe. Mit schöner Regelmäßigkeit verletze ich mir die Finger, weil der Dosenöffner kaputt ist. Einen neuen darf ich nicht mitbringen. Rätselhafterweise finde ich immer wieder Töpfe mit schwarzverklebtem Boden. Als ich sie zum Einweichen mit Sodawasser auf den Gasbrenner setze, kommt Vater in die Küche gehumpelt, um mich streng zu rügen.

Ganz selten kommt Mutter mir zu Hilfe. Dann reichen angeblich die Gasflammen nicht mehr aus, sie will einen Petroleumkocher dazustellen.

Mutter schlurft in den Schuppen. Bei ihrer Rückkehr stolpert sie fast über die Schwelle. Mit beiden Händen hält sie den Reservepetroleumkocher fest, stellt ihn zittrig auf den Ausguß. Ich sage: »Aber Mutter, die Gasflammen reichen doch.« Das macht sie trotzig: »Nun laß mich doch. Das mache ich immer so. Du sollst dich nicht dauernd in alles einmischen.«

Normalerweise hat Mutter einen guten Appetit. Vater leidet oft unter Übelkeit und muß sich sogar übergeben. Seltsamerweise passiert das regelmäßig während der Mahlzeit. Dann sehe ich zu meinem Erstaunen, wie Mutter sich das Essen schmecken läßt. Während die Geräusche des Erbrechens durchs ganze Haus ächzen, nickt sie mir zufrieden zu.

»Heute hast du's wieder besonders lecker gemacht, Kind.«

Gemütliche Stunden

An manchen Tagen erleben wir auch gemütliche Stunden. Wenngleich immer etwas Verkrampftes in der Luft liegt, so als wollten sie sich zwingen zu zeigen, daß sie das Leben noch mühelos bewältigen können.

Der Vatertag* ist ein solch scheinbarer Höhepunkt.

Bei unserer Ankunft sitzt Mutter mit ihrem umwickelten Bein adrett auf einem Hocker, in ihrem schönsten Kleid. Vater gönnt sich eine Zigarre.

Wir überreichen unsere Geschenke. Ein Buch ist dabei, über die Entstehung des Lebens auf der Erde. Die bunten Bilder sieht er sich mit Begeisterung an. Bilder von merkwürdigen Ungeheuern. Der Brontosaurus. Der Allosaurus. Vater kommt in Fahrt. Fängt an, von der Evolutionstheorie zu sprechen. Erzählt die vertraute Anekdote aus seiner Jugendzeit.

»Und da hatten wir gerade Darwin durchgenommen. Da fragte ich den Lehrer: ›Ist es wahr, Herr Lehrer, daß ich von einem Affen abstamme?‹ Und weißt du, was der Lehrer dann sagte?«

Wir tun unwissend.

»›Ja, hör mal‹, sagte der Lehrer dann, ›ich mische mich lieber nicht in deine Familienangelegenheiten ein.‹«

Mutter kocht Tee. Vater gibt jedem ein Stück Torte. Nach dem Genuß dieser Dinge begibt Vater sich zu

---

* In den Niederlanden wird der Vatertag ähnlich wie der Muttertag gefeiert. Der Familienvater wird mit kleinen Aufmerksamkeiten geehrt, und am Nachmittag gibt es Torte. Der Vatertag fällt jeweils auf den dritten Sonntag im Juni (Anm. d. Übers.).

seinem Schrank in der Zimmerecke. Er entnimmt daraus einen seiner meistgeliebten Gegenstände: seine Geldkassette. Es ist ein zierliches Kästchen, mit hübschen Intarsien aus Rosenholz verziert. Die rechteckigen Figuren glänzen seidenmatt in verschiedenen Brauntönen. Mit fast feierlichen Gebärden stellt Vater das Kästchen auf den Tisch. Geht zurück zum Schrank. Innen an der Tür hängt ein kleiner Schlüssel. Der Inhalt des Kästchens wird auf dem Tisch ausgebreitet. Eine rote Brieftasche mit Banknoten. Familienbuch. Sparbuch. Versicherungsbescheid für die Beerdigung. Er zeigt der Reihe nach auf jeden Gegenstand.

»Schaut, Kinder, wenn ich nicht mehr bin, habt ihr hier alles beisammen. Ihr müßt überhaupt nicht suchen wie bei anderen Leuten. Die hinterlassen ein Chaos. Ich nicht. Hier ist das Geld!«

Er fährt mit der Ausstellung fort, beschreibt alles in großer Ausführlichkeit. Er schließt mit den Worten:

»Und wenn ich tot bin, liegt hier die Bescheinigung für die Beerdigungskosten. Darüber braucht ihr euch weiter keine Gedanken zu machen.«

Mutter steht auf. Sie geht zu Vater hin, schubst seinen Arm.

»Ja, ja. Allmählich wissen wir Bescheid.«

Er schiebt sie zornig beiseite. Während er die Sachen wieder in dem Kästchen verstaut und den Deckel mit einem Knall verschließt, sieht er uns abwechselnd an.

»Ja, wenn es nach eurer Mutter ginge, würden wir nie etwas besprechen. Aber man muß realistisch sein. Jeder Mensch weiß, daß er einmal sterben muß. Da muß man seine Angelegenheiten doch in Ordnung haben.«

Er stellt das Kästchen wieder an seinen Platz und klopft an die Innenseite der Tür.

»Sehr ihr? Hier hängt der Schlüssel. Dann braucht ihr danach nicht zu suchen.«

Wir geben uns Mühe, so auszusehen, als hörten wir dies alles zum ersten Mal.

Ich beginne mit den Vorbereitungen für das Essen. Hans hilft beim Tischdecken. Das Gespräch verläuft ohne Eintrübungen. Wir sprechen von der Zeitung, die immer dünner wird. Von teurem Gemüse und billigen Särgen.

Telefongespräche

Die Zahl der Anrufe nimmt furchterregend zu. Die verschiedenartigsten Beschwerden erreichen uns.

Frau Dogor kommt zu spät.

Der Abfluß ist verstopft.

Vaters Hörgerät gibt einen ununterbrochenen Pfeifton ab, sie wissen nicht, wie sie den abstellen sollen.

Es sind nicht genügend Lebensmittel eingekauft worden.

Die falschen Medikamente wurden geliefert.

Die Küchenlampe ist kaputt.

Es ist kein Geld mehr im Haus.

Eine Dame von der »Nachbarschaftshilfe« hat ihnen eine Mahlzeit zubereitet, und das ist eine Schande für Leute, die selber eine Tochter haben.

Sie haben sich entschlossen, in ein Heim zu gehen.

Sie haben sich entschlossen, das mit dem Heim noch ein wenig zu verschieben, bis es wirklich nötig ist.

Manchmal führen solche Gespräche auch zu einem überraschenden Schluß. An einem Sonntagmorgen, in aller Frühe, ruft Mutter an.

»Du, wir haben gestern unsere Kaffeekanne zerbrochen. Könnten wir vielleicht dein altes Kännchen leihen?«

»Das wird nicht gehen, fürchte ich, das alte Kännchen haben wir längst nicht mehr. Wir haben jetzt eine elektrische Kaffeemaschine, die ist ein bißchen kompliziert für euch. Aber vielleicht solltet ihr euch heute einmal Kakao kochen? Nur heute einmal?«

»Ja, das ist eine gute Idee. Kakaopulver habe ich da, Milch ist auch ausreichend da. Schönen Dank!«

Am gleichen Sonntag rufe ich nachmittags noch einmal an, nur so, für ein kurzes Gespräch.

»Na, Mama, wie schmeckte euch der Kakao heute morgen?«

»Kakao???«

»Ja, Kakao. Die Kaffeekanne war doch zerbrochen?«

»O ja, aber dein Vater hat doch gestern eine neue Kaffeekanne gekauft!«

An einem Morgen, mitten in der Woche, ruft Mutter dreimal hintereinander an. Vater fühlt sich nicht wohl, sie weiß gar nicht, was sie machen soll. Beim dritten Mal höre ich deutlich Panik in ihrer Stimme.

»Könntest du nicht kurz vorbeikommen? Nur einen Moment. Ich habe solche Angst.«

Als ich nach einer halben Stunde vor der Tür stehe, macht Mutter die Tür auf und sieht mich ängstlich an. Dann geht sie mit kleinen Trippelschritten zurück ins Zimmer. Vater hängt fast in seinem Sessel, die Augen halb geschlossen. Mutter beugt sich zu ihm hinab, sie fummelt nervös an ihrer Schürze. Dann sieht sie mich an.

»Siehst du, was ich meine? Das ist doch nicht normal?«

Ich rede beruhigend auf Vater ein. Frage ihn, wie er sich fühlt.

»Ach, immer muß deine Mutter übertreiben. Nein, ich fühle mich nicht wohl. Aber das ist noch lange kein Grund, dich anzurufen.«

Seine Stimme klingt ungewöhnlich leise. Es sieht aus, als wolle er seine Augen weiter öffnen. Aber es gelingt ihm nicht. Er steht auf. Mühsam geht er zum Klavier, er stützt sich an den Möbeln. Dort nimmt er sich eine Zigarre aus einer großen Kiste. Als er endlich wieder sitzt, sieht er mich an. Noch immer hat er diesen leeren Blick.

Mutter geht aus dem Zimmer, kommt wieder und sagt schüchtern:

»Es ist nur noch eine Milchflasche in der Küche, die Milch ist sauer geworden.«

Ich sehe, wie Vater die Augen weit aufreißt. Laut und klar klingt seine Stimme.

»In diesem Haushalt stimmt aber auch gar nichts. Wenn ich nicht an alles denke, geht aber auch alles schief. Das kann ich dir sagen.«

An meinem festen Besuchstag, Donnerstagnachmittag, komme ich hinein und finde ein Durcheinander vor. Mutter ist im Bett. Vater sitzt in seinem Sessel. Er hantiert mit einem Lappen, der nicht an seinem Finger bleiben will. Der Finger blutet. Das kommt von dem kaputten Dosenöffner. Das Zimmer liegt voll mit unübersichtlichem Kram. Auf dem Tisch das aufgeschlagene Telefonbuch. Medikamente sind weggekommen. Das Rezept ist auch verschwunden. Sie wollen den Arzt anrufen, aber die Nummer können sie nicht finden. Ob ich vielleicht, kurz...? In wenigen Sekunden habe ich die Nummer, ich schreibe sie groß auf einen Zettel. Vater nimmt ihn in die Hand. Er geht zum Telefon. Auf halber Strecke bleibt er stehen, wendet sich um zu mir.

»Mich macht dieses Telefonieren immer so nervös. Ich kann immer so schwer verstehen. Kannst du das übernehmen?«

Ich rufe an, erkläre dem Arzt, daß sein Kommen sehr erwünscht ist. Ich fange an, aufzuräumen. In der Küche finde ich die Spüle, den Tisch, sogar den Fußboden voller Töpfe, Teller, Gabeln, Schüsseln, alles ist voll mit angeklebten und eingetrockneten Resten. Eine gute Stunde habe ich zu tun. Dann koche ich Tee. Reiche beiden eine Tasse. Ich rede einfach drauflos. Die Gesichter ent-krampfen. Die Stimmung wird besser. Beruhigt verab-schiede ich mich. Eine Stunde nach meiner Heimkehr geht das Telefon. Vater ist am Apparat.

»Weißt du, wenn wir den Arzt brauchen, werden wir ihn schon selber anrufen. Damit brauchst du dich nicht abzugeben. Denn jetzt kam er vergeblich, und das ist deine Schuld. «

Der Dosenöffner

Nachdem wir Vater noch ein paar Mal mit blutigen Fingern vorgefunden haben, fassen Hans und ich einen Entschluß: Wir kaufen einen schlichten Öffner, den wir an die Wand schrauben.

An einem Samstagmorgen wollen wir ihn bringen. Als sie das Gerät sieht, runzelt Mutter die Stirn.

»Was ist denn das, was soll das Ding denn hier?«

Ich erkläre, was es ist und warum wir es für nötig halten.

»Und wo soll das denn hin?«

»In die Küche, dort schrauben wir es euch an.«

»Nein, das möchte ich nicht. Wir haben nur eine kleine Küche, die Wände sind schon ganz voll.«

»Ja, aber Mutter, du weißt doch, daß Vater sich dauernd die Hände verletzt an dem blöden alten Ding.«

Ängstlich sieht sie mich an. Wie ein Tier, dem etwas Neues nicht geheuer ist. Dann schüttelt sie den Kopf. Während sie geht, wiederholt sie immer wieder:

»Nein, so'n Ding kommt mir nicht an die Wand, das will ich nicht, es ging doch immer gut mit dem anderen, nein...«

Vater, der ungewöhnlich lange still geblieben ist, beginnt sich zu erregen.

»Wie kann jemand nur so eigensinnig sein? Verstehst du das? Was soll man da nur machen?«

Hans reagiert gelassen. Er begibt sich in die Küche. Dort zeigt sich, daß noch ausreichend Platz ist zwischen dem Sieb und dem Ausguß, den Suppenlöffeln und den

Fleischgabeln. Er macht sich an die Arbeit mit seinen Werkzeugen. Vater und Mutter kommen beide, um ihm zuzuschauen. Vater nickt zustimmend. Mutter verläßt die Küche wieder, durchquert die vorderen Räume mit den Schiebetüren und setzt sich an das Fenster zur Straße. Vaters Zorn nimmt sichtlich zu. Mit großen Schritten stiefelt er zu Mutter.

»Ich verstehe nicht, was mit dir los ist. Was eigentlich in deinem Kopf vor sich geht. Immer heißt es bei dir nein, nein und nochmal nein. Warum bist du nur immer so uneinsichtig?«

Es kommt keine Antwort. Vater eilt zurück zu Hans.

»Verstehst du, was in deine Schwiegermutter gefahren ist? Wie jemand so dumm und eigensinnig sein kann?«

Hans arbeitet schweigend weiter mit seinem kleinen Schraubenzieher.

»Ja, du bist doch der Klügste. Laß die alten Leute ruhig reden.«

Hilflos setze ich mich auf einen Stuhl. Ich frage mich, wie eine solch groteske Szene möglich sein kann. Vater geht zwischen dem Wohnzimmer und der Küche hin und her. Dabei regt er sich immer mehr auf. Mutter sitzt reglos vor dem Fenster, preßt ihre Lippen zusammen und starrt ununterbrochen auf die leere Straße. Hans arbeitet gelassen weiter, läßt sich nicht im geringsten beirren von der gespannten Atmosphäre um ihn herum.

Ich versuche für mich selber eine Erklärung zu finden für eine Situation wie diese hier. Bedeutet ein solcher Gegenstand für Mutter einen Eingriff in ihr Selbstbestimmungsrecht in der Küche? Ist ihre Haltung vielleicht eine Art passiver Widerstand gegen Vaters bestimmende Rolle im Haushalt? Die Tiefenpsychologen wissen vielleicht, um was es hier wirklich geht, ich weiß es nicht.

Schließlich meine ich, etwas tun zu müssen. Ich setze mich ganz dicht zu Mutter.

»Du, Mama. Wenn dir das Ding in der Küche wirklich nicht gefällt, machst du es einfach von der Wand ab. Wenn du keine Dose zu öffnen hast, läßt du es einfach im Schrank liegen.«

Langsam wendet sie ihr Gesicht zu mir.

»Oh. Geht das denn?«

»Ja, natürlich geht das. Komm nur mit in die Küche, dann zeige ich es dir.«

In der Küche machen wir vor, wie es geht. Es ist alles ganz einfach: Die Kurbel wird gedreht, um die Dose zu öffnen, der Apparat wird hochgeschoben, ganz wenig, dann läßt er sich leicht von der Wand nehmen. Wirklich ein Kinderspiel.

Mutter seufzt. Um ihren Mund zeigt sich ein leises nervöses Zucken. Sie nickt mir kurz zu, wortlos setzt sie sich wieder ins Wohnzimmer.

Hans packt seine Sachen wieder ein, wir trinken eine Tasse Kaffee, und die Stimmung wird gelöster. Nicht ganz gelöst. Ein nicht zu beschreibendes Unbehagen bleibt im Raum hängen. Wir verabschieden uns trotzdem, wir haben das Gefühl, daß wir sie jetzt ihrem Schicksal überlassen können.

Am nächsten Tag ist Mutter am Telefon. Ihre Stimme klingt zittrig.

»O Kind, dein Vater ist so schwierig, es wird immer schlimmer mit ihm. Er sagt Dinge, die er noch nie zu mir gesagt hat. Weißt du, was er heute zu mir sagte? Er nannte mich ›Miststück‹.«

»Ach Mama, das ist doch nicht sein Ernst, das sagt er im Zorn, glaub mir. Wie geht's dir sonst so, war es gestern nicht ein bißchen viel?«

Sie wartet ein Weilchen, dann kommt ihre Antwort, zögernd.

»Was war gestern eigentlich noch?«

Eröffnung des Parlamentarischen Jahres: Prinzentag

Am dritten Dienstag im September werde ich morgens fast jubelnd angerufen. Beide fühlen sich ausgezeichnet. Jetzt sind sie auf den Gedanken gekommmen, daß ja heute der Tag der feierlichen Eröffnung des Parlamentarischen Jahres ist, an dem die Königin in der goldenen Kutsche durch Den Haag fährt.

»Würde es dir passen, wenn wir uns den Festzug bei dir ansehen?«

Es paßt. Pünktlich fährt das Taxi vor. Ich eile hin, um ihnen beim Aussteigen behilflich zu sein.

Im Fernseher verfolgen wir die Feierlichkeiten. Gebannt schauen sie auf die goldene Kutsche, auf Königin Juliana und auf Prinz Bernhard, der im Smoking ist, nicht in Uniform. Die Königin beginnt mit ihrer Rede. Sie lauschen gespannt.

Vater: »Darf der Ton etwas lauter?«

Ich folge seiner Bitte.

Mutter: »O nein, diesen Lärm kann ich einfach nicht ertragen.«

Ich stelle den Fernseher etwas leiser.

Vater: »Warum machst du das bloß? Gerade konnte ich es so gut verstehen.«

»Mutter leidet unter der Lautstärke.«

»Ach, Mutter leidet ewig. Als ob das ins Gewicht fiele.«

Ich versuche behutsam, den Ton etwas lauter zu drehen.

Mutters Gesicht legt sich in Falten, sie macht eine abweisende Bewegung.

»Warum kannst du es nicht ein bißchen leiser stellen? Er tut zwar, als hörte er zu, aber verstehen tut er es sowieso nicht mehr.«

»Weißt du was, Mutter? Ich habe eine Lösung, glaube ich.«

Ich gehe ins Bad. Dort mache ich ein paar schöne, weiche Wattebällchen. Ich stecke sie Mutter vorsichtig in die Ohren. Den Ton drehe ich wieder etwas lauter. Vater rutscht ganz nach vorne auf seinem Sitz. Er beugt sich ein wenig vor und scheint voller Aufmerksamkeit für die Königin. Mutter zieht mit zornigen Bewegungen die beiden Wattebäusche aus ihren Ohren.

»Nein, das ist unmöglich. Das ist lästig, du hörst alles so merkwürdig dumpf. Bitte dreh jetzt den Ton leiser, dies kann ich nicht ertragen.«

Ich drehe den Ton etwas zurück. Vater läßt sich gegen die Rückenlehne seines Sitzes fallen. Das Hörgerät schaltet er aus. Nach der Übertragung koche ich Tee.

»Weißt du, was am besten ist?« Bedächtig stellt Vater seine leere Tasse auf den Tisch. »Der Friedhof, das ist der beste Ort für einen Menschen.«

Mutter zeigt einen Vogel.

»Der dreht noch völlig durch.«

Er wendet sich mit einem Ruck zu ihr.

»So, durchgedreht soll ich sein! Soll ich dir einmal etwas sagen?« Sein gehetzter Ton klingt wieder durch. »Es gibt eine höhere Macht, die hat uns alle in Händen. Das wollte der Ministerpräsident aber nicht wahrhaben. Darum ließ er das Gebet in der Eröffnungsrede streichen. Und jetzt siehst du, wie es zugeht. Das ist die Strafe.«

Er verheddert sich, wird immer lauter, läßt seinem Zorn freien Lauf.

Mutter schiebt ihren Kuchen beiseite und zieht ihn am Ärmel.

»Jetzt hör doch mal endlich auf mit dem Geschrei. Du hast deine Meinung ja auch ganz schön geändert. Da hätte man dich früher reden hören sollen. Das waren andere Töne. Jetzt auf einmal fängst du an mit der höheren Macht, und dabei brüllst du so laut, das ist ja nicht mehr normal. Das kommt davon, wenn Menschen sich bekehren.«

Vater mäßigt seine Stimme. Aber das Gespräch wird noch eine Weile in zänkischem Ton weitergeführt. Schließlich begleite ich sie zum Taxi, dort sieht Mutter mich kurz an.

»Vielen Dank, Kind, für den schönen Nachmittag.«

Geld

Am Donnerstagnachmittag öffnet Vater mir auf mein Klingeln die Tür, er ist nervös und geht gehetzt vor mir her ins Schlafzimmer.

»Deine Mutter liegt im Bett. Und sie ist so verdammt eigensinnig. Ich weiß einfach nicht mehr, was ich mit ihr anfangen soll. «

Sie liegt ganz still da in ihrem rosa geblümten Nachthemd. Sie hat ihre Haare auf kleine Lockenwickler gedreht.

Ich gebe ihr einen Kuß.

»Wie geht es jetzt, Mama? Fühlst du dich nicht wohl? «

Sie schüttelt den Kopf, zeigt auf Vater, wendet ihr Gesicht von uns.

»Nein, ich fühle mich elend. Aber er ist so unangenehm. Was mit diesem Mann los ist, weiß ich nicht. Aber von ihm werde ich erst recht krank, das kannst du mir glauben. «

Vater läßt sie kaum ausreden.

»Ja, was soll ich denn machen? Der Arzt hat ihr Zäpfchen gegeben, weil ihr schlecht war und schwindlig. Die Zäpfchen will sie aber nicht nehmen. Dann hätte der Arzt genausogut zu Hause bleiben können. «

Ich frage sie, ob sie denn schon gegessen hätten.

»Nein. Deine Mutter hat keinen Appetit, und ich bin zu müde, um irgend etwas zu machen. Mir ist sowieso alles egal. «

Vater geht ins Wohnzimmer, setzt sich in seinen Sessel am Ofen. Ich gehe in die Küche. Dort türmt sich ein

Chaos vor mir auf. Zwischen dem Geschirr steht eine Schüssel mit einem Stück Käse. Er ist voller Schimmel. Ein paar Scheiben Aufschnitt sehen so alt und klebrig aus, daß ich sie in den Müll werfe. Das Wasser in einem kleinen Topf mit geschälten Kartoffeln schäumt und ist undurchsichtig. Ich weiß kaum, wo ich beginnen soll. Nach etwa einer Stunde habe ich alles einigermaßen sauber. Dann habe ich auch eine Suppe fertig, von der Mutter sogar ein wenig essen möchte. Ich hole ein paar Stücke Sandkuchen aus meiner Tasche.

»Schau, Mutter, macht dir das keinen Appetit? Es ist keine Schlagsahne dabei, sie sind nicht allzu süß. Möchtest du probieren?«

Darauf hat sie Appetit. Ich gebe ihr ein Stück. Sie kommt hoch und beißt begierig hinein.

»Soll ich dir einen Teller geben, wegen der Krümel?«

»Nein, Kind, das brauchst du nicht. Es ist sowieso immer soviel da zum Abwaschen. Schau, so geht es prima.«

Mit der einen Hand hält sie den Kuchen, die andere hält sie gekrümmt wie eine Schale unter ihrem Kinn. Hinterher zeige ich auf das Bettlaken.

»Schau, Mama, doch ein paar Krümel im Bett.«

Ein bißchen verärgert zieht sie die Schultern hoch.

»Ja. Das kommt davon, daß du mir keinen Teller gegeben hast.«

Aus dem Wohnzimmer ertönt Vaters Stimme.

»Wir haben keinen Pfennig mehr im Haus. Kannst du uns irgendwie aushelfen?«

Zuerst versuche ich, ein paar Krümel aus dem Bett zu entfernen. Dann setze ich mich ganz dicht zu Vater.

»Das glaube ich bestimmt nicht. Früher hast du mir einmal erzählt, du hättest ein Geheimversteck für das

Geld. Für den Notfall. Ich weiß auch noch genau, wo das Versteck war. Du nicht? «

Er sieht mich an, die Augenbrauen vor Verwunderung hochgezogen. Er schüttelt zögernd den Kopf.

»Nein, ich glaube, daß du dich irrst. So etwas hatte ich früher vielleicht. Aber jetzt doch nicht mehr. «

Ich nicke beruhigend. Ich gehe zum Wäscheschrank im hinteren Zimmer. Dort gehe ich in die Knie. Die breite Schublade auf der linken Seite ziehe ich ganz heraus. Vorsichtig lege ich sie auf den Boden. Ich greife in den leeren Raum unter dem Schrank. Dort finde ich die Blechdose. Eine von diesen alten Blechdosen für Kekse mit Jagdszenen auf dem Deckel und den Seiten. Ich bringe Vater die Dose. Beim Öffnen sehen wir eine Ansammlung von Papierrollen. Jede Rolle enthält Silbergulden. In seiner gestochenen Schrift von einst steht viele Male zu lesen: 25 Gulden.

»Na siehst du. Ihr seid nicht ohne Geld. Zusammen sind dies viele hundert Gulden. «

Er ist so erstaunt, daß er sich die Dose noch eine ganze Weile ansieht. Aus seinem geöffneten Mund kommt kein Laut. Schließlich sieht er mich an.

»Ja. Also muß ich mir nicht soviel Sorgen machen. Aber trotzdem. Ich kann doch unmöglich jeden mit Gulden bezahlen. Ich habe doch auch noch Geld auf meinem Postscheckkonto? Kannst du nicht einen Scheck für mich ausfüllen? Und wie soll ich das Geld ins Haus kriegen? Bis zur Post ist es noch ganz schön weit. «

Er sieht kein Land mehr vor Problemen. Ich koche uns erst einmal einen Tee. Dann suche ich sein Scheckbuch hervor. Wir beraten, welchen Betrag wir einsetzen wollen. Wir einigen uns auf sechshundert Gulden. Ich fülle den Scheck aus. Dann lege ich ihm das Heft auf den

Schoß, gebe ihm einen Füller in die Hand und zeige, wo er unterschreiben muß.

»Wie kommt der Scheck jetzt an seinen Bestimmungsort?«

Aus dem Schrank suche ich den passenden Umschlag hervor. Den gebe ich ihm, er soll ihn selber zukleben. Ich erkläre ausführlich, daß dieser Scheck an meine Adresse überwiesen wird, daß ich dann das Geld holen und daß ich es ihm sofort bringen werde. Er ist sehr zufrieden mit dem Verlauf der Dinge.

»Ja, das ist schön, wenn du das übernimmst. Mir wird der Weg zu beschwerlich.«

Ich weise noch einmal darauf hin, daß dieser Scheck an meine Adresse gesandt wird und daß es daher noch ein paar Tage dauern wird, bis das Geld da sein kann.

»Ja, ja, schon klar. Alles geht in Ordnung.«

Vier Tage sind vergangen. Es ist Montagmorgen, noch vor neun, mein Vater ist am Telefon.

»Du, das Geld von dem Scheck, den ich letzte Woche unterschrieben habe. Wo ist das Geld geblieben?«

»Das Geld ist noch nicht da. Weißt du noch, wie ich es dir erklärt habe? Erst geht der Scheck zum Postamt, dann erst zu mir. Das dauert ein paar Tage.«

»Ach ja? Mir kannst du nichts vormachen. Das ist schon ein paar Tage her. Du hältst das Geld zurück. Du glaubst, daß ich nicht mehr mit Geld umgehen kann. Aber ich will es jetzt haben. Heute noch. Ich bestelle ein Taxi und komme zu dir.«

Nach einer Viertelstunde fährt ein Taxi vor. Vater humpelt mühsam auf das Haus zu. Ich beeile mich, ihm zu öffnen. Seufzend läßt er sich in einen Sessel fallen.

»Ich finde es unmöglich, daß ich hierher kommen muß, um mein eigenes Geld abzuholen.«

Ich schenke ihm Kaffee ein. Ich rede. Erneut erkläre ich, welche Dinge geschehen müssen, bis das Geld bei mir ist. Er schüttelt den Kopf.

»Nein, deine schönen Reden kannst du dir sparen. Du willst mich beherrschen. Aber ich lasse mich nicht entmündigen von meiner eigenen Tochter. Ich will das Geld haben, und zwar sofort. Eher gehe ich nicht von der Stelle. Da kannst du machen, was du willst.«

Weil all mein Reden keinen Erfolg hat, hole ich unsere Haushaltskasse hervor. Zum Glück enthält diese ausreichend Hundertguldenscheine, die ich ihm geben kann. Es bestärkt ihn in der Ansicht, daß ich ihn mit seinem Geld habe bevormunden wollen.

Klebestreifen

Das Telefon klingelt schon vor neun Uhr morgens. Ich höre Vaters Stimme, sie klingt gespannt.

»Du, kann ich mal eben vorbeikommen? Ich habe ein Problem, für das ich keine Lösung weiß.«

Eine halbe Stunde später quält er sich aus einem Taxi. Endlich sitzt er im Wohnzimmer, dann legt er los mit seiner Geschichte.

»Jetzt habe ich aber was. An meinem Hörgerät war etwas locker. Das habe ich selber heilgemacht mit einem Stück Klebestreifen. Aber der ist abgegangen, und jetzt ist er in meinem Ohr. Glaubst du, daß das gefährlich werden kann?«

Er sieht mich ängstlich an.

»Sollte ich vielleicht lieber zum Arzt gehen? Der kann es vielleicht kompetent entfernen.«

»Ach nein, das wird schon von selber wieder herauskommen. Vielleicht ist es schon längst weg, und du bildest dir nur ein, es wäre noch da. Fühlst du es irgendwo?«

Er nimmt den kleinen Apparat aus seinem Ohr, neigt seinen Kopf ein wenig nach vorn, hält ihn schief, schüttelt ihn.

»Nein, ich fühle gar nichts. Aber es ist mir nicht geheuer. Dann hätte ich das Stück Klebestreifen ja doch finden müssen?«

»Na, das liegt vielleicht irgendwo auf dem Fußboden, oder vielleicht ist es auch schon im Staubsauger.«

Das Thema ist noch lange nicht erschöpft. Ich schenke

ihm eine Tasse Kaffee ein. Während er fahrig trinkt, betrachte ich ihn. Wäre die Situation nicht insgesamt so deprimierend, müßte ich sicherlich lachen über die Tragikomödie. Solche Sorgen wegen eines kleinen Stückes Klebestreifen... Ich höre geduldig zu. Ich tue jedenfalls, als ob. Denn eigentlich sitze ich auf Kohlen. Ich muß einkaufen. Es warten noch ein paar Dinge, die dringend erledigt werden müssen. Aber für ihn gibt es in diesem Augenblick nichts Dringenderes auf der Welt als dieses kleine Stück Klebestreifen.

Ich spüre, wie sehr mich das ermüdet. Es bewirkt ein vages Schuldgefühl in mir, zu spüren, wie sehr mich diese Vorfälle irritieren. Denn wie bedeutungslos das Ganze letztlich ist, Vater ist wirklich sehr in Sorge. Und einem Menschen in seinem Alter darf man doch seine Aufmerksamkeit nicht verweigern, auch wenn er einen mit Kleinkram überschüttet.

Ich rede so beruhigend, wie ich kann, auf ihn ein. Es führt zu nichts. Schließlich bestelle ich ein Taxi für ihn. Er geht mühsam, Schritt vor Schritt, den Weg zur Straße. Am Zaun angekommen, wendet er sich, gestützt auf seinen Stock, noch einmal zu mir.

»Ich wäre froh, wenn das Stück Klebestreifen nicht mehr im Ohr ist.«

Bevor er einsteigt, zeigt er mit der Hand und mit dem Stock dem Fahrer den Weg, den dieser zu fahren hat. Der versucht, ihn vorsichtig in den Wagen zu bugsieren.

»Ja, ja. Setzen Sie sich erst einmal richtig hin. Es klappt alles bestens.«

Vater setzt sich, aber sein zweites Bein will nicht ins Auto. Der Fahrer ist ihm behilflich.

Das Auto fährt an, Vater spricht weiter. Ich sehe nur noch seine Gebärden. Haargenau die gleichen zornigen

Gesten, die er schon immer zu machen pflegte. Doch jetzt ohne Kraft. Gegen den Hinterkopf des Fahrers gerichtet.

Dezember

Es kommt der Nikolausabend mit kleinen Geschenken und Gebäck. Wir tun unser Bestes. Vater klagt. Übers Geld. Über das Altwerden.

»Der Friedhof ist der beste Ort für einen Menschen. Das ist die einzige Lösung.«

Über die Langeweile.

»Wir haben nie Besuch. Keiner kümmert sich um uns. In unserem Haus herrscht Grabesruhe. Einmal wird auch das ein Ende haben.«

Wir schweigen. Hans macht den Fernseher an. Vater setzt sich aufrecht hin.

»Schau, wenn wir wenigstens einen Fernseher hätten. Das wäre viel besser gegen diese Stille. Wir hätten mehr Abwechslung. Hans, was meinst du, ob wir uns einen Fernseher leisten könnten?«

»Aber sicher, warum nicht?«

»Ja, aber dann, könntest du uns dann raten? Was für eine Marke wir nehmen sollen? Und wo sollten wir das Ding hinstellen?«

Es wird lange und ausführlich überlegt. Wo der richtige Platz wäre in ihrem kleinen Wohnzimmer. Welches Fabrikat das beste ist. Mutter hört sich das Ganze kopfschüttelnd an.

»So ein Quatsch. Verstehen tut er ja doch nichts. Und worum es geht, weiß er dann auch nicht. Was soll dieser Mann bloß mit einem Fernseher?«

Auf dem Bildschirm erscheint die Familie Feuerstein. Vater muß lachen. Dann folgt ein Krimi. Die Sirenen heulen. Die Untertitel kommen in schneller Folge. Vater rutscht auf seinem Sessel nach hinten.

»Nein, das sehe ich gleich: Sowas ist nichts für mich. Die Buchstaben flimmern viel zu schnell vorbei. Welcher normale Mensch soll die so schnell lesen können?«

Mutter nickt beruhigt und döst ein.

Am Heiligabend bin ich sehr beschäftigt. Zuerst brate ich das Fleisch an, dann lasse ich es schmoren und widme mich den Geschenken. Buntes Papier, Schleifen, grüne Zweige. Ein hilfloser Versuch, ein wenig festliche Stimmung herbeizuzaubern. Das Telefon läutet. Vaters Stimme.

»Es ist mir sehr unangenehm, daß ich dir dies sagen muß, aber deine Mutter liegt im Bett und ist todkrank. Wir hatten uns schon so gefreut, aber es ist ausgeschlossen, daß wir morgen zu dir kommen.«

Erster Feiertag. Die Überraschung des Jahres steht bevor. Wir holen Vater und Mutter mit dem Auto. Sie fühlen sich, Wunder über Wunder, ausgezeichnet! Sie machen alles gelöst mit. Das Einwickeln der Geschenke war nicht vergebens, sie sind ganz entzückt.

Das vorsichtige Öffnen der bunten Schleifen und Bänder erinnert an frühere Feste in vertrautem Beisammensein, auch wenn wir jetzt elektrische Kerzen am Baum haben, während wir früher, ganz früher, richtige Kerzen hatten. In jenem sanften Licht spielte Mutter Weihnachtslieder auf dem Klavier. Jetzt läßt unsere Anlage »Stille Nacht« in Stereo erklingen. Aber für einen Augenblick spüre ich die alte Atmosphäre voller Harmonie und Frieden, so unerwartet irreal. Vater erhebt sich zu einem Toast auf unser Weihnachtsfest. Dabei steht er tatsächlich fast genauso kerzengerade wie in seinen jungen Jahren. Gerührt stelle ich fest, daß seine Wangen noch glatt sind und der Glanz in seinen braunen Augen nicht darauf schließen läßt, daß er nächstes Jahr neunzig wird.

Derweil hat Mutter umständlich ein Päckchen geöffnet, sie lacht. Es ist nicht das offene Lachen, das sie immer so anziehend machte. In ihren grünen Augen, um ihren Mund herum scheint fortwährend eine leichte Wehmut zu liegen. Aber heute ist ein besonderer Tag mit unvorhergesehener Aktivität. Ich mache mir in der Küche zu schaffen, plötzlich steht zu meiner Überraschung Mutter auf der Schwelle. Sie sieht mich fragend an.

»Hast du Diabelli-Noten da?«

Ich gehe mit ihr ins Zimmer zurück. Wir stellen die Schallplatte ab und setzen uns ans Klavier. Ein Ereignis, das niemand mehr erwartet hatte: Mutter und Tochter spielen vierhändig! Die lieben, schlichten Melodien klingen durch das Zimmer. Alle lauschen. Ich höre, wie ein Glas leise hingestellt wird. Diese Augenblicke, in dieser Gemeinschaft, erlebe ich als letztes Aufflammen von Lebensfreude.

Wieder Neujahrstag

Wie eine Last, die immer schwerer wird, empfinden wir das: Wir holen Vater und Mutter mit dem Auto. Meine guten Wünsche für das neue Jahr klingen pflichtmäßig. Es gelingt mir nicht mehr, auch nur ein bißchen Überzeugungskraft in meine Stimme zu legen. Endlich sind sie auf ihrem festen Platz untergebracht, nebeneinander auf dem Sofa. Hans und ich fangen an, das übliche Programm abzuwickeln. Wir geben uns Mühe. Aber es liegt eine deprimierende Dumpfheit in der Luft, die ich nicht verjagen kann.

Welcher Dichter war das, der von den Wörtern sprach, die sich von ihrer Bedeutung lösen? Eine leise Assoziation drängt sich mir auf: Der Weihnachtsbaum, der noch im Zimmer steht, die Grußkarten an der Wand, die Schüssel mit Berlinern auf dem Tisch, alles dies hat seine Bedeutung verloren. Verschwunden aus ihrem Bewußtsein, losgelöst von ihrem Dasein. Es gibt nichts mehr zu feiern.

Vater traut sich, ein Schnäpschen zu trinken. Mit unsicherer Hand hebt er sein Glas, sieht Mutter an und sagt die erste Zeile eines Silvesterliedes auf: »Das alte Jahr vergangen ist.« Voller Stolz, daß ihm die Worte noch geläufig sind, verzieht sein Mund sich zu einem traurigen Lächeln. Mutter zieht die Schultern hoch, sieht zuerst uns an, dann hinaus in den Garten. Vater stellt sein Glas hin, streckt seinen Zeigefinger hoch und wendet sich zu uns mit der zweiten Zeile des Liedes: »Nichts auf Erden bleibt bestehn.«

Jetzt stößt Mutter ihn mit dem Ellenbogen in die Seite. »Laß genug sein mit der schrecklichen Sentimentalität.«

Vater schweigt. Der wache Augenblick verflüchtigt sich. Wie das letzte, besondere Weihnachtsfest. Vorbei. Wir finden zurück zu einer brüchigen Unterhaltung. Die falschen Antworten. Anstrengend und verwirrend. Ich frage mich, ob es immer so ist mit alten Menschen.

Wir bringen sie nach Hause, wir haben eine Aufgabe erledigt, der wir nicht gewachsen sind. Wir verabschieden uns mit einem Kuß. Unser Kopf ist voller Sorgen.

Zerreißprobe

Das Loch in Mutters Bein wird größer. Die Krankenschwester, die täglich zur Wundpflege kommt, schaut jetzt auch am Wochenende vorbei. Das ist nur in Notfällen üblich. Das tägliche Erscheinen der jungen Frau in der weißen Uniform verstärkt die gespannte Atmosphäre im Haus. Die Angst nimmt zu. Unser Zusammentreffen bei meinem Besuch gibt ihr die Gelegenheit, zu berichten, was mir verschwiegen wird.

»Ihrer Mutter geht es leider gar nicht gut. Sie will ihre Medikamente nicht einnehmen. Sie will nicht gewaschen werden. Dabei ist gerade das so angenehm für jemanden, der es selber nicht mehr bewerkstelligen kann. Sie ist durchgelegen. Das Bein war blutig, aber Ihre Mutter weigerte sich halsstarrig, den Arzt kommen zu lassen. Dann habe ich es selbst behandelt, mit einer Salbe. Aber das läßt Ihre Mutter auch nicht mehr zu. Sie sagt, daß ich mich darum nicht mehr kümmern soll. Wie soll ich das denn jetzt weiterhin machen?«

Ein paar Tage später ist Frau Dogor am Apparat.

»Entschuldigen Sie bitte die Störung, aber ich weiß mir keinen Rat mehr. Die Situation ist so traurig und aussichtslos, ich weiß nicht, was ich machen soll.«

Sie listet ihre Kümmernisse auf: Mutter weigert sich, irgendein Medikament zu nehmen. Sie ist unzufrieden mit der Krankenschwester. Sie ist über eine Fußmatte in der Küche gestolpert. Sie fiel mit ihrem Kopf an den Spülstein, danach hatte sie tagelang Kopfschmerzen.

Aber mir durfte nichts gesagt werden, und die Fußmatte mußte liegenbleiben. Frau Dogor seufzt. Sie fährt fort:

»Ihr Vater ist sehr verwirrt. Ich soll Sie anrufen, denn er hat Ihre Nummer vergessen. Ich soll den Arzt anrufen, doch der weigert sich zu kommen. Er sagt, er sei schon so häufig umsonst an der Tür gewesen, dafür habe er zuviel zu tun. Was sagen Sie denn dazu? Und Ihr Vater behauptet, er hätte mit einer Behörde gesprochen, wegen Hilfe, aber ich weiß nicht, von welcher Behörde er spricht. Jetzt sitzt er in seinem Sessel, schaut ins Leere, und Ihre Mutter liegt im Bett und spricht auch nicht mehr. Es ist ein Jammer. «

Ich danke ihr für ihre Aufmerksamkeit und ihre Geduld. Was sie gesagt hat, läßt mir keine Ruhe. Am späten Nachmittag gehe ich auf einen Sprung zu ihnen. Mutter macht mir selber auf. Vater sitzt im Sessel, raucht eine Zigarre. Das kleine Teelicht ist ein seltsamer Lichtblick im schummerigen Zimmer. Die gemütliche Stimmung überrascht mich, was wiederum Mutter erstaunt.

»Warum sollten wir hier nicht gemütlich zusammensitzen? Oh, wegen heute morgen? Na ja. Es geht im Leben eben immer auf und ab. Das wird immer so sein. «

In den nächsten Wochen aber führen wir pausenlos Telefongespräche. Mutters Ton ist kläglich, Vater ist in Panik. Dann wieder sprechen wir mit Frau Dogor.

»Ich habe mit dem Hausarzt gesprochen. Er sagt, es gehe so nicht länger. Ihre Eltern sollten in ein Pflegeheim. So etwas müssen die Kinder in die Wege leiten. Sie müssen mit dem Amtsarzt Kontakt aufnehmen. «

»Naja, ich bin ja gerne bereit, anzurufen und alle notwendigen Maßnahmen zu ergreifen. Aber wenn meine Mutter nun wirklich nicht will? Muß ich mich dann gegen ihren Willen durchsetzen? «

»Ich weiß, daß es für Sie eine unmögliche Situation ist. Vielleicht sollten Sie sich an die Familienberatung wenden. Denn was sollen Sie machen: Ihr Vater ist nicht abgeneigt, in ein Pflegeheim zu gehen, Ihre Mutter lehnt es ab. Zwingen kann man sie nicht. Aber sollte irgend etwas schiefgehen, haben Sie Ihr Lebtag Gewissensbisse. Es hat auch keinen Zweck, den Arzt kommen zu lassen, denn Ihre Mutter will sowieso keine Medizin einnehmen. Keine Pflege, keine Medizin. Immer fragt man sich: Was dann? Alles ist so aussichtslos. Was immer Sie tun, was immer Sie erreichen können, es bleibt eine hoffnungslose, ausweglose Situation.«

Das Krankenhaus

Um alles noch unüberschaubarer zu machen, muß ich ins Krankenhaus, um mir die Gebärmutter entfernen zu lassen. Wir fahren gemeinsam zu den Eltern, um es ihnen zu erzählen. Ihre Reaktion ist unerwartet gelassen. Abwechselnd geben sie sich Mühe, mich zu beruhigen.

»O nein, Kind, über uns brauchst du dir keine Sorgen zu machen, wir schaffen das schon.«

»Ja, aber es gibt eine Schwierigkeit«, versuche ich zu erklären, »wir können dann einige Wochen nicht ans Telefon. Hans ist im Büro, und ich muß flach liegen.«

»Ach, sieh du nur erst einmal zu, daß du gesund wirst, das ist das Wichtigste. Und überhaupt, warum sollten wir dich denn anrufen wollen?«

Vierundzwanzig Tage verbringe ich im Krankenhaus. Zu Beginn ist alles voller Angst. Panik. Gewebeuntersuchungen. Ist es gutartig? Der Arzt antwortet ausweichend, die Schwestern sehen ernst aus. Oder bilde ich mir das alles nur ein? Mir werden warme Socken angezogen. Dann liege ich auf dem Operationstisch. Ich fühle mich völlig verspannt, bis sich ein freundlicher Arzt mit einer Injektionsnadel über mich beugt. Im gleichen Augenblick, in dem ich ihn ansehe, empfinde und weiß ich nichts mehr.

Eine purpurfarbene Glut umgibt mich, undeutliche Gestalten wiegen mich, schaukeln mich, umhegen mich, sie sprechen, ihre Stimmen sind dumpfe Laute aus weiter Ferne... Langsam, ganz allmählich kommen sie näher, werden ganz nah. Dann erwache ich aus der Narkose.

Nie habe ich vermutet, daß das so schön sein könnte. So friedlich und geborgen, die sorgenden Hände, die fortwährende Aufmerksamkeit, nie fühle ich mich verlassen. Neblige Tage folgen, kein Appetit, viele Schwestern umgeben mich, sogar mitten in der Nacht. Im halben Traum bemerke ich, daß wiederholt Dinge gemacht werden mit dem Infusionsgerät, mit dem mein linker Arm auf komplizierte Weise verbunden ist.

Dennoch darf ich überraschend schnell aufstehen. Das ist im ersten Augenblick keine leichte Aufgabe. Kläglich gehe ich umher, halte meinen Bauch mit beiden Händen. Tue ich das nicht, reißt alles mit stechenden Schmerzen auf, dann rutscht mein ganzer Bauchinhalt mit dumpfem Klatschen auf die Erde. Davon bin ich fest überzeugt. Zu meiner Verwunderung tritt dies nicht ein. Im Gegenteil. Der Schmerz läßt schnell nach. Dann erscheint der Arzt mit der Mitteilung, die Gewebeproben seien negativ, alles sei bestens in Ordnung, und dies läßt ein vergessenes Glücksgefühl aufblühen.

Die kleine Welt um mich herum entwickelt sich zu einer Oase der Ruhe in der Geborgenheit der Rudolf-Steiner-Klinik, mit dem romantischen Blick auf Bäume in ihrer Frühlingspracht. Krankenschwestern, denen nichts zuviel wird, ein sehr sympathischer Arzt umsorgen mich. Alles dies läßt eine Art Ferienstimmung bei mir hochkommen, so sorglos habe ich mich lange nicht mehr gefühlt. Dennoch frage ich Hans jedes Mal bei seinem täglichen Besuch: »Wie geht's zu Hause?«

Und seine Antwort lautet jedesmal: »Gut!«

Unbegreiflich. Wir fragen uns, wie das möglich ist: Kein einziger Anruf während der ganzen Zeit, keine Klage erreicht uns, geduldig warten sie auf meine Heimkehr. Schließlich werde ich entlassen, und trotz der an-

dauernden Müdigkeit erfüllt mich ein tiefes Glücksgefühl. Wir fahren sofort zu den Eltern, um alles zu berichten. Sie reagieren froh und erleichtert.

»Wie schön, Kind, daß alles so gut gegangen ist. Nun
ruh dich erst einmal richtig aus, ehe du wieder hierher
kommst.«

Ich erkläre noch, daß ich vorerst jeden Mittag liegen
muß. Auch, daß ich eine Haushaltshilfe haben muß. Ich
kann ja noch nicht alles selber machen. O ja, das verstehen sie sehr gut, sie nicken voller Überzeugung und
geben mir noch ein paar ermutigende Worte mit auf den
Weg.

Zwei Tage später, vormittags. Mühsam steige ich die
Treppe empor. In dem Moment, in dem ich endlich oben
bin, läutet das Telefon. Vorsichtig steige ich wieder nach
unten. Das Läuten nimmt kein Ende. Endlich bin ich da.
Ich höre die Stimme meines Vaters.

»Deine Mutter liegt krank im Bett.«

»Oh, wie schlimm, ich kann ja nichts machen. Du weißt
doch, daß ich gerade wieder da bin aus dem Krankenhaus.«

»Ach ja, stimmt ja. Aber ich muß dir doch Bescheid
geben, wenn etwas ist, oder nicht?«

Es ist der gleiche Tag, Spätnachmittag. Das Telefon
geht. Wieder ist Vater am Apparat, seine Stimme klingt
nervös.

»Wir haben aus Versehen den Gashahn abgedreht. Jetzt
war ich schon bei meinem Nachbarn, er wollte uns
helfen und hat lange daran gebastelt, aber er kriegt ihn
nicht auf. Könntet ihr nicht einmal kurz vorbeikommen?«

Ich muß warten, bis Hans aus dem Büro nach Hause
kommt. Dann fahren wir los. Hans hat in kürzester Zeit

den Gasherd wieder an. Ich sitze ein Weilchen an Mutters Bett.

»O Kind, ich bin ja so froh, daß ich dich sehe. Ich war so beunruhigt. Du warst doch gerade noch im Krankenhaus? Wir hörten nichts von euch, du verstehst, wie es ist. Dann liege ich hier und stelle mir die schrecklichsten Dinge vor. Aber Gottseidank bist du ja wieder da . . . «

Vatertag

Der dritte Sonntag im Juni ist Vatertag. Hans und ich gehen auf Besuch, gewappnet mit einer großen Zigarrenkiste und einer Torte.

Mutter klagt leise vor sich hin. Gemütliche Stimmung kommt überhaupt nicht auf. Vater spricht vom Geld.

»Ich kriege weniger als sonst. Mein Postsparkonto ist leer.«

»Darf ich die Abrechnungen einmal sehen? Ich bin sicher, daß das ein Irrtum ist. Darf ich sie aus dem Schrank nehmen?«

»Sie liegen nicht mehr im Schrank.«

»Warum denn nicht?«

»Ich habe alle Abrechnungen zerrissen!«

»Aber wieso denn das?«

»Nicht jeder Hans und Franz muß wissen, wie es uns finanziell geht.«

Mutter geht in die Küche, Tee kochen. Ich sehe, wie ihre Hände zittern, ich biete an, ihr zu helfen. Das schlägt sie aus.

»Nein, Kind, ich mache es lieber selbst.«

Wir suchen andere Gesprächsthemen. Aber Geld bleibt das Hauptthema.

Mutter wird immer schweigsamer. Manchmal nur nickt sie in Vaters Richtung.

»Ganz irre macht dich dieser Mann. Geld, Geld und noch einmal Geld. Von etwas anderem wird nicht mehr geredet.«

Kaum eine Woche später ist Mutter am Telefon.

»Kind, ich muß dir kurz etwas erzählen. Dein Vater liegt im Bett, er fühlt sich krank und ist ja so traurig.«

»Aber warum ist er denn plötzlich so traurig, Mama?«

»Er sagt, da haben wir nun eine Tochter, aber nie schaut sie nach uns. Und ich liege hier, und uns geht es beiden nicht so gut, aber von ihr sieht und hört man nichts.«

»Aber, Mutter, ich konnte doch ein paar Wochen nicht kommen wegen der Operation, weißt du noch? Aber am Sonntag waren wir doch beide da, zum Vatertag. Habt ihr das schon vergessen? Da haben wir doch noch zu viert die schöne Torte gegessen. Und soviel Zigarren haben wir mitgebracht, die kann Vater unmöglich schon geraucht haben. Die Kiste steht bestimmt noch dort. Hat er das etwa auch vergessen?«

Einen Augenblick bleibt es still. Dann kommt ihre Stimme, zögernd, mit Pausen.

»Ja. Ach ja. Stimmt ja. Daran habe ich gar nicht mehr gedacht. Ach ja, Kind. Das sind die Nerven, glaube ich.«

Ein paar Stunden später erkundige ich mich nach ihrem Befinden.

»Ja, ja, Vater ist aufgestanden, Gott sei Dank. Er raucht eine Zigarre aus eurer schönen Kiste. Und wir fühlen uns wieder ausgezeichnet.«

Zerfall

Ich kann den Anrufen nicht entrinnen, sie bleiben ein Störfaktor in meinem Alltagsrhythmus, wirken lähmend. Die Klagen werden stärker, die Vorwürfe lauter.

»Weißt du eigentlich, daß du als Tochter die Pflicht hast, uns zu helfen? Du kannst uns nicht einfach hier sitzen lassen. Aber dir ist alles egal. Du lebst dein eigenes Leben, was aus uns wird, läßt dich kalt. «

Ein Tag später.

»Ich würde dich ja nicht stören, aber wir sind in Not. Mutter liegt im Bett, und ich kann auch nicht mehr. Kannst du nicht kommen, uns zu helfen? «

»Du weißt doch, daß ich das noch nicht darf. Mein Arzt erlaubt es mir noch nicht. Ich kann auch wirklich nicht, bitte glaub mir doch. «

»Oh, also du kommst nicht? «

»Nein, aber ich habe doch lang und breit erklärt, warum nicht. Ich lasse euch doch nicht einfach so im Stich. «

»Ja, ja, ich verstehe schon. Du kommst einfach nicht. Und ich weiß nicht mehr, was ich machen soll. Ich bin hilflos. Hier oben wohnt eine Dame, die sich erboten hat, zu helfen, wenn es nötig sein sollte. Aber das läßt deine Mutter nicht zu. Und gegenüber wohnt eine Dame, die hat für uns gekocht, aber das war nicht zu essen. Am besten, ich wäre tot, ja, das wäre das Beste. Das wäre die einzige Lösung. Dann kannst du mich wegbringen, deine Mutter holen sie dann schon. Dann ist es deine Sorge ja nicht mehr. Das ist das Beste. «

Danach höre ich nur noch das Amtszeichen.

Die Katastrophen überschlagen sich. Frau Dogor ruft an. Mutter ist im Bett. Vater ist verwirrt. Das Geld ist weg. Das Loch in Mutters Bein wird größer. Mutter will ihre Medizin nicht schlucken, Vater nimmt viel zuviel. Frau Dogor ist die Geduld in Person, aber manchmal klingt ihre Stimme mutlos. Bis ihr eines Tages mir nichts dir nichts gekündigt wird. Sie hat einen kleinen Saucentopf fallen lassen.

Hilfe

Da ich nicht mehr Herr der Lage bin wegen meiner Operation und weil Frau Dogor entlassen worden ist, bitte ich schließlich in meiner Not Frau Versteegh um Hilfe. Sie ist eine ziemlich junge Frau von rundlicher Gemütlichkeit. Ich habe sie durch die Zeitung gefunden als Reinemachefrau. Aber sie bedeutet mir viel mehr. Sie ist eine von diesen begnadeten Personen, die mit ihren runden Wangen, strahlenden blauen Augen, ihrem sonnigen Lachen und einem Staubtuch alle Sorgen aus dem Fenster hinauswinken.

Auf meine Anfrage ist sie sofort bereit, zu meinen Eltern zu gehen, um eine Absprache zu treffen. Am nächsten Tag berichtet sie mir von ihren Erfahrungen.

»Sie glauben nicht, wie es dort zuging. Sitze ich am Bett Ihrer Mutter, sage ich: Soll ich Kaffee kochen? Sagt sie: Nein. Sage ich: Aber wenn Sie erst mal einen ordentlichen Kaffee trinken, geht es Ihnen bestimmt besser. Sagt sie: Nein, ich koch mir nachher meinen Kaffee selber, wenn Sie weg sind. Sage ich: Soll ich morgen einen schönen Topf Suppe mitbringen? Dann müssen Sie nicht kochen. Sagt sie: Nein, ich brauche keine Suppe. Sage ich: Soll ich Ihre Küche einmal richtig durchwischen? Sagt sie: Nein, meine Küche mache ich selber. Aber wie die Küche aussieht, unvorstellbar, sie ist ein einziger Schmierkram.«

Frau Versteegh sieht mich an mit außergewöhnlich sorgenvollem Blick. Dann schüttelt sie den Kopf.

»Ihr Vater tut mir wirklich leid. Er hätte sicher gern

einen Kaffee trinken wollen, das sah ich ihm deutlich an. Aber Ihre Mutter wollte es ja nicht zulassen. Na, ich will gerne bei Ihren Eltern aushelfen gehen. Aber so geht das einfach nicht. «

Mir bleibt nichts als Seufzen. Mutter erzählt mir später eine ganz andere Geschichte.

»Was sollte diese fremde Frau überhaupt hier? Sitzt an meinem Bett und schnattert in einem fort. Ich mag es nicht, wenn immer wieder fremde Leute in mein Haus kommen, die sich in alles einmischen. Hoffentlich wirst du mir das künftig ersparen. Und dann, was denkst du dir eigentlich, daß ich Suppe annehme von deiner Reine-machefrau? «

Die Sozialarbeiterin

Der Peitschenschlag des Telefongeräusches macht jede Stimmung kaputt. Plötzlich ist dort, inmitten aller deprimierenden Nachrichten, eine freundliche, ruhige Stimme, die Stimme der Sozialarbeiterin. Sie berichtet von einem Anruf meines Vaters an sie. Sie hatte daraus Angst gehört, deswegen hatte sie einen Besuch bei meinen Eltern gemacht.

»Ja, und ich muß Ihnen leider sagen, daß es dort nicht sehr gut geht. Ihre Mutter war im Bett, Ihr Vater ist voller Unruhe. Er grübelt wirklich über alles und jedes. Über Geld, über ein Heim, wie das alles weitergehen soll. Wenn er anfängt, von einem Heim zu sprechen, verfinstert sich das Gesicht Ihrer Mutter, sie will davon nichts hören. Der Arzt war schon mehrere Male dort, Medizin ist ausreichend vorhanden. Aber ich frage mich, ob das so weitergehen kann. Eigentlich ist dies unverantwortlich. Psychisch ist es auch für Sie eine zu schwere Last. Sie waren gerade selber im Krankenhaus? Nein, dies geht also wirklich nicht. In diesem Moment weiß ich auch keine Lösung, aber ich werde mich bemühen. Sie können sich immer an mich wenden. Wenn ich nicht da sein sollte, ist bei uns im Büro doch immer jemand da.«

Sie gibt mir eine Telefonnummer. Durch dieses Gespräch lerne ich zum ersten Mal eine Sozialstation in Funktion kennen.

Drohungen

Nach mühsamen Verhandlungen zwischen meinen Eltern und der Nachbarschaftshilfe wird Frau Dogor wieder angenommen. Sofort habe ich sie wieder am Apparat, an einem Mittwochmorgen.

»Es tut mir leid, daß ich Sie schon so bald wieder belästigen muß. Aber in meinen Augen wird die Situation unhaltbar. Ihre Mutter liegt im Bett, Ihr Vater verliert den Überblick. Er ist so störrisch, Sie glauben es nicht. Er sagt, er wolle nichts mehr tun. Er kocht nicht, er kocht nicht einmal mehr einen Tee. Er sagt, dann solle sie eben sterben bei sich zu Hause, dann könnten Sie anrufen, damit sie weggeholt wird, und dann könnten Sie ihn auch gleich abholen lassen, ihm sei sowieso alles gleich.«

Nach einigem Hin und Her kommt meine Mutter selber an den Apparat.

»O Kind, es ist so schrecklich hier bei uns. Das kann doch so nicht weitergehen. Was sollen wir bloß machen?«

»Ja, Mutter, im Moment weiß ich es auch nicht so genau. Wäre es nicht sinnvoll, über ein Altersheim nachzudenken? Es sieht danach aus, als gäbe es kaum noch eine andere Möglichkeit.«

»Ja, Kind, da hast du völlig recht. Dann sollten wir vielleicht doch einmal darüber reden.«

Ich verspreche, am nächsten Tag vorbeizukommen, dann könnten wir in Ruhe alles besprechen.

»Ja, Kind, das ist in Ordnung.«

Dies ist der erste Donnerstag nach meinem Krankenhausaufenthalt und meiner Rekonvaleszenz, an dem ich allein zu meinen Eltern fahren kann, ohne von Hans in seinem Auto gebracht zu werden. Sie zeigen keine Überraschung. Mutter öffnet mir, dann geht sie seufzend vor mir her ins Wohnzimmer. Dort sitzt Vater am Tisch, seine Geldkassette steht vor ihm. Er schaut kaum hoch, begrüßt mich flüchtig. Er beginnt, die Wertpapiere und wichtigen Dokumente zu nennen und sie mir zu zeigen. Ich kenne sie auswendig und setze mich ganz dicht zu Mutter.

»Geht es dir heute einigermaßen, Mama?«

Sie zuckt die Schultern, sieht auf Vater und sagt: »Ach.«

»Mutter, wollen wir denn jetzt einmal in Ruhe das mit dem Pflegeheim durchsprechen?«

Jetzt sieht sie mich an. Betrübt.

»Ich finde, daß du dich nicht da einmischen solltest. Das solltest du lieber uns selber überlassen.«

Vater läßt seine Kassette im Stich und baut sich vor Mutter auf.

»Ich werde einfach nicht schlau aus dir. Du gibst selber zu, daß der Zustand hier unerträglich wird, daß es so nicht bleiben kann. Und du bleibst halsstarrig und sagst einfach immer nur nein.«

Er wendet sich zu mir.

»Verstehst du, was in sie gefahren ist? Ich kann dir sagen, ich habe was auszustehen.«

Mutter unterbricht ihn.

»Ich schweige lieber von alldem, was ich früher ausstehen mußte. Das lassen wir lieber ungesagt.«

Ich mache noch ein paar hilflose Versuche. Der Erfolg ist, daß Mutter ihre Lippen zusammenpreßt und schweigend aus dem Fenster sieht. Vater erregt sich, er entwikkelt die seltsamsten Vorstellungen.

»Ich setze mich in eine Kneipe, dort bleibe ich auch zum Essen, nach Hause komme ich dann gar nicht mehr. – Ich gehe zur Heilsarmee, dort schlafe ich dann zwischen lauter Pennern. – Ich klingele bei allen Nachbarn, denen erzähle ich, wie schlecht du mich behandelst und daß wir umkommen. «

Nur eine Stimme

In dem Irrgarten aus Spannungen und Unsicherheiten habe ich ein wenig Halt an den regelmäßigen Gesprächen mit der Sozialarbeiterin. Ihre Art, mit mir zu sprechen und mir zuzuhören, ist wohltuend. Außerdem weitet sie meinen Blick. Nicht nur mein Vater und meine Mutter befinden sich in einer ausweglosen Situation. Es ist ein allgemeines, gesellschaftliches Problem.

»Wissen Sie«, erklärt sie mir, »es ist der Trend unserer modernen Gesellschaft. Der alte Mensch soll so lange wie möglich für sich selber verantwortlich bleiben. Das sieht aus wie ein nobles Anliegen. Früher wurden Menschen wie Ihre Eltern weggebracht, ohne selber befragt zu werden. Das war natürlich traurig, aber der jetzige Zustand wird immer qualvoller. Und das nicht nur für die Betroffenen selber, sondern auch für ihre Kinder, die keine ruhige Minute mehr haben. Es wird zu einer fortwährenden Drohung in ihrem Leben, die schlimmsten Unfälle können sich ereignen. Eine Lösung gibt es nicht. Niemand weiß eine.«

Nein, tatsächlich einschreiten kann auch sie nicht. Aber ihre liebe Stimme ermutigt und beruhigt mich immer wieder, manchmal rührt sie mich sogar zu Tränen. Es kommt vor, daß ich nach einem Gespräch mit ihr auf meinem Telefonhocker sitzenbleibe und meinen Tränen freien Lauf lasse, ich kann nicht anders. Sie löst eine Spannung in mir. Sogar diese Frau, die so bereitwillig hilft, die durch ihre Funktion soviel mehr Mittel und Wege kennt, sogar sie steht machtlos davor. Dennoch bedeutet sie mir in ihrer ganzen Ohnmacht eine große moralische Stütze. Ich könnte keinen Freund oder Verwandten nennen, der mir in dieser schwierigen Zeit so geholfen hätte, auf den Beinen zu bleiben. Darum weine ich.

Deshalb würde ich ihr auch so gerne ein ausführliches Kapitel widmen. Aber was weiß ich überhaupt von ihr? Wie sieht sie eigentlich aus? Ist sie eher ein junges Mädchen oder eine schon etwas ältere Frau? Ich weiß es nicht. Denn für mich ist sie nur eine Stimme am Telefon.

Allmählich entsteht bei mir ein Plan: Wenn für meine Eltern, auf welche Weise auch immer, eine Lösung gefunden worden ist, werde ich dieser Frau ein ganz besonderes Lob zukommen lassen. Mit ihr zugleich auch allen Einrichtungen, die sich mit gesellschaftlichen Problemen auseinandersetzen. Denn ich habe am eigenen Leibe erfahren, wieviel dies einem Menschen bedeuten kann. Ein aufrichtiger, ehrender Dank soll dies werden. Auf welche Weise, in welcher Form dies geschehen soll, kann ich mir noch nicht vorstellen. Aber das wird sich finden.

Ein überraschender Fund

Der nächste Donnerstagnachmittag bringt die Lösung eines dringenden Problems.

Vater öffnet mir die Tür, er spricht kein Wort und wirkt völlig aufgelöst. Er setzt sich zurück in seinen Sessel, sieht mich mit rot geränderten Augen an.

»Vermutlich hältst du mich für verrückt, aber wir sitzen da ohne einen Pfennig.«

»Bist du wirklich sicher? Das hatten wir doch schon einmal.«

Ich erinnere ihn an das, was ich beim letzten Mal gefunden habe: die Blechdose mit den Silbergulden, die unter dem Wäscheschrank verborgen war.

Er schüttelt den Kopf, geht zum Schrank, zeigt mir die geerbte Geldkassette, in der sich ausschließlich Papiere, eine leere Brieftasche und eine altmodische Geldbörse mit Schnappverschluß, ebenfalls leer, befinden. Er zeigt auf den Wäscheschrank.

»Sieh dich ruhig um. Ich habe es auch schon getan. Da ist nichts.«

Ich knie mich hin, ziehe die linke untere Schublade aus dem Schrank. Ich taste den staubigen Boden ab. Nichts. Ich nehme die andere Schublade heraus. Auch darunter ist nichts. Mein Mißtrauen bleibt, ich denke: Dies ist unmöglich. Ich betrachte den Inhalt beider Schubladen. Zusammengerollte Strümpfe. Ein Fotoalbum. Ein Stoß Geschirrtücher und Lappen verschiedener Herkunft. Ein paar Gürtel und einige Socken. Ich schiebe alles beiseite und sehe eine Blechdose, sorgfältig mit Bindfaden verschnürt. Beim Schütteln ist nur ein dumpfes Geräusch zu hören. Ich drehe mich um, halte die Dose hoch und frage: »Was ist denn hier drin?«

Beide heben die Schultern.

»Bring es her, damit wir nachsehen können.«

Ich setze mich ganz nah zu meinem Vater, zupfe an den Fäden. Ohne Schere geht es nicht. Nach vielen Mühen geht der Deckel ab, wir sehen, daß die Dose bis an den Rand gefüllt ist. Lauter Hundert-Gulden-Scheine. Sie sind in Bündeln zusammengelegt. Jedes Bündel wird zusammengehalten von einem Papierstreifen, auf dem »Tausend Gulden« geschrieben steht.

Ich sehe sie abwechselnd an.

»Dies sind Tausende von Gulden. Da sagt ihr noch, es wäre kein Pfennig im Haus?«

Nachdem Vater sich gefangen hat, sagt er:

»Aber das ist ja unverantwortlich. All das Geld. Das kann ja jeder einfach so wegnehmen. Soviel brauchen wir doch gar nicht. Willst du es nicht mitnehmen, nach Hause? Bei dir ist es sicherer als bei uns!«

Ich tue ein paar Hunderter in seine Brieftasche, die Dose stecke ich in meine Tasche.

Mein Geburtstag

Mein Geburtstag erfüllt mich, auch bei zunehmendem Alter, mit einem Gefühl freudiger Erregung, der Erwartung des Nicht-Alltäglichen. Dieses Jahr jedoch wird die Vorfreude getrübt durch eine ängstliche, durch keine Argumente zu vertreibende Spannung.

Wie üblich, holen wir Vater und Mutter mit dem Auto ab. Nach ihnen kommen mein Schwager und seine Frau. Sie werden mit überraschender Fröhlichkeit begrüßt. Meine Sorge war offenbar unbegründet. Zuerst trinken wir Tee mit Gebäck, danach gibt's ein Schnäpschen. Wir sitzen in gemütlicher Runde, Salzgebäck steht auf dem Tisch. Während ich einer über Jahre immer wieder aufgewärmten Katzengeschichte meiner Mutter zuhöre, wird mir bewußt, daß ich meinen Sherry ein wenig zu gierig trinke und über einen Scherz etwas zu laut lache.

Ich gehe in die Küche, um Essen zu machen. Ich muß sechs Streichhölzer anzünden, ehe das Gas brennt. Ich verschütte Salz, und eine Schüssel, die ich aus dem Schrank nehmen will, kommt ins Rutschen und zerschellt dann auf dem Fußboden. Benommen bitte ich Hans, die Gesellschaft nach oben zu führen, ins Eßzimmer.

Schließlich sind wir um den Tisch versammelt, die festliche Tafel, die Anwesenheit meiner Lieben vermitteln mir für einen kurzen Augenblick das Gefühl, wirklich Geburtstag zu haben. Ich habe noch etwas vergessen und eile nach unten, um es zu holen. Während ich noch suche, höre ich plötzlich über mir unerklärliche Geräu-

84

sche. Hans kommt in die Küche gerannt, reißt eine kleine blaue Wanne hervor und springt mit drei Schritten die Treppe wieder hoch. Ich hinterher. Im Eßzimmer finde ich ein wenig festliches Bild: Mutter liegt lang ausgestreckt in einem Sessel. Sie erbricht sich, heftig und ausgiebig, in die kleine blaue Wanne, die mein Schwager ihr vorhält. Hans macht sich mit einer Serviette und einem Geschirrtuch zu schaffen. Mein Vater und meine Schwägerin sitzen versteinert da, Messer und Gabel in der Hand.

Nach einer Weile muß Mutter sich nicht mehr erbrechen, sie möchte zur Toilette. Sie versucht aufzustehen, es gelingt ihr nicht. Hans und sein Bruder stützen sie, auf die beiden gelehnt geht sie ins Bad. Dort muß ich ihr helfen mit ihrer Hose. Nach Ablauf der Prozedur führen die beiden Männer die geschwächte Frau zurück zu ihrem Sitz. Erneut muß sie sich erbrechen, erneut muß sie auf die Toilette, und dann wiederholt sich dies alles noch einmal.

Niemand spricht. Niemand ißt. Außer Vater. Er hat sich an sein Essen gemacht und schneidet munter sein Steak in kleine Streifen. Dazu gibt er die Erklärung ab:

»Wenn einer in der Familie krank ist, ist das schlimm genug. Wenn ich nichts esse, werde ich auch noch krank. Davon hat schließlich erst recht keiner was.«

Nach einiger Zeit beruhigt Mutter sich ein wenig. Ich kann schnell über die Straße laufen, zu unserem Hausarzt. Er ist nicht da. Ich eile zurück. Nun beginnt eine endlose Serie von Telefonaten, bis ich zu guter Letzt einen Arzt im Nachtdienst finde, der bereit ist, einen Hausbesuch abzustatten. Er kommt spätabends. Nachdem er Mutter untersucht hat, stellt er fest, daß ihr Blutdruck viel zu hoch ist, weiter nichts. Er händigt uns ein Zäpfchen aus gegen die Übelkeit, damit wir Mutter nach Hause bringen können.

Ich bitte den Arzt, das Zäpfchen zu verabreichen.

»O nein, leider nein, dafür reicht meine Zeit wirklich nicht, heute abend läutet es Sturm.«

Er erklärt kurz, wie das Zäpfchen einzuführen ist, dann murmelt er kurz »Guten Abend noch« und verschwindet.

Mutter muß sich noch einmal übergeben. Vater kann sich nicht mehr beherrschen. Er steht auf, trippelt um Mutter herum, will ihren Puls fühlen, aber sie schiebt ihn zur Seite. Er setzt sich hin, steht wieder auf, geht hin und her durchs Zimmer. Hans hat sich inzwischen um warmes Wasser gekümmert, um das Zäpfchen zu wärmen. Wir beraten. Mutter bleibt am besten im Sessel liegen. Wir versuchen, sie auf die Seite zu legen. Mit mühevollem Ziehen gelingt es mir, ihr die Unterhose auszuziehen, dabei rede ich beruhigend auf meinen Vater ein. Dies alles tue ich in einem fast rauschhaften Zustand der Verzweiflung. Hinter meinem Rücken wird die schüchterne Stimme meiner Schwägerin laut:

»Nein, wirklich, was für eine Situation, da sind wir ja überflüssig. Ihr solltet jetzt wirklich lieber für euch sein. Wir gehen dann also lieber, ja?«

Bei diesen Worten dreht Hans sich ruckartig um, er reagiert ärgerlich: »Wenn ihr uns jetzt im Stich lassen wollt, wie sollen wir das dann alles allein schaffen?«

Also bleibt die Gesellschaft beisammen. Wie sehr ich mich auch mühe, ich schaffe es nicht, Mutters willenlosen Körper umzudrehen. Schließlich gelingt es Hans, das Zäpfchen mit einer geschickten Bewegung einzuführen.

Eine halbe Stunde später machen wir uns an die schwierigste Aufgabe: Mutter nach Hause zu bringen. Zuerst die Treppe hinunter. Ganz vorsichtig, Schritt vor Schritt, wir stützen sie von allen Seiten. Manchmal versucht Mutter, selbst zu gehen, vergeblich. Wir heben sie ins Auto. Vater setzt sich neben sie, schweigend und blaß. Mein Schwager fährt hinter uns her. Beim Haus der Eltern angelangt, müssen wir noch einmal alle Kraft aufbieten, um Mutter aus dem Auto ins Haus zu bringen. Wir legen sie vorsichtig hin. Sie sieht nur geradeaus, abwesend. Ich frage mich, ob sie die Ereignisse überhaupt bewußt wahrnimmt. Und immer noch habe ich Geburtstag...

Ungereimtes

Die Sozialhelferin ruft an.

»Es geht Ihren Eltern nicht sehr gut. Ihr Vater war in einem Geschäft und hat sich dort beklagt. Er sagte: Meine Frau ist immer nur krank, ich habe kein Essen im Haus, Geld ist auch nicht da, keiner kocht für uns, und keiner kümmert sich um uns.«

»Richtig verstehen kann ich das ja nicht, denn genaugenommen kriegen meine Eltern doch ziemlich viel Aufmerksamkeit. Dreimal in der Woche kommt Frau Dogor, ich selber komme regelmäßig, und Sie kümmern sich doch auch!«

»Ja, das stimmt schon, erst kürzlich war ich noch bei ihnen. Da war Ihr Vater sehr angespannt und nervös, und Ihre Mutter schwieg vor sich hin. Sehen Sie, daß sie den Haushalt nicht mehr bewältigt in ihrem Alter, das ist nicht so schlimm. Aber sie tut gar nichts mehr. Und das ist schlimm für einen Menschen. Wenn sie eine Handarbeit hätte oder irgend etwas lesen würde, egal was.«

Darüber muß ich nachdenken. Es läßt mir keine Ruhe, auch mit Hans muß ich darüber reden. Sogar im Bett sind wir noch bei dem Thema. Ich frage ihn, ob es nicht etwas geben könnte, das sie aus der totalen Passivität, in der sie zu versinken droht, befreien kann.

»Ja, ich glaube, daß wir irgend etwas erzwingen müssen. Wir werden sie einmal im Auto mitnehmen in die Stadt. Wir machen es einfach, denn wenn wir sie vorher befragen, sagt sie sowieso nein.«

Das Problem beschäftigt mich bis in meine Träume.

Hans fährt Mutter und mich ins Kaufhaus in die Stadt. Ganz nah am Eingang steigen wir aus, wir stehen gleich in der Abteilung für Textilien. Mutter trippelt richtig begeistert an den Tischen vorbei. Sie hat einen anständigen Mantel an, aber ihr Kopf mit den grauen schütteren Haaren ist unbedeckt. Hans ist das auch aufgefallen, plötzlich hält er uns an.

Wir stehen an einem großen Behälter mit Mützen zum Sonderpreis. Große und kleine Mützen, einfarbige, geblümte und karierte liegen dort. Auf einem Schild steht: Ab 85 cents. Hans bringt eine beigefarbige Mütze zum Vorschein und setzt sie Mutter auf den Kopf. Den Schirm schiebt er auf die Seite, mit geschickten Fingern macht er die andere Seite etwas bauschig, um einen kleidsameren Effekt zu erreichen. Er bezahlt die 85 cents, und wir gehen zum Fahrstuhl.

In der Abteilung für Handarbeiten suchen und wühlen wir zwischen verschiedenen Baumwollsträngen und Wollknäueln. Mutter steht neben mir und gerät in Verzückung über all die schönen Farben. Ab und zu betrachte ich sie, es kommt mir vor, als würde sie kleiner. Ich sage erstaunt:

»Wie eigenartig, Mama. Es sieht fast so aus, als wärest du kleiner als vorhin.«

Sie läßt sich nicht stören, vergleicht verschiedene Tönungen in Blau und sagt beruhigend:

»O ja, das passiert mir in letzter Zeit häufiger. Aber das ist nur, wenn ich müde bin. Wenn ich mich gleich ausruhen kann, geht es von selbst vorbei.«

Wir treffen unsere Wahl, bitten die Verkäuferin noch um ein paar Stricknadeln und bezahlen. Inzwischen ist

Mutters Kopf nur noch in der Höhe meines Ellenbogens. Langsam gehen wir auf den Fahrstuhl zu. Dann zum Ausgang. Mutter hat jetzt die Länge eines sechsjährigen Kindes, Hans schüttelt den Kopf.

»Das Auto steht viel zu weit entfernt, wir wollen lieber ein Taxi nehmen.«

Wir warten am Kantstein, ich halte Mutters Hand. Tatsächlich bremst auch ein Taxi direkt vor uns. Schon hat sich um uns herum eine kleine Ansammlung von Leuten gebildet, die alle gern in das Taxi einsteigen wollen. Es gibt ein Gedränge. Da höre ich eine Stimme hinter mir sagen:

»Ach, laß doch die Dame mit dem Kind vorgehen.«

Empört wende ich mich um.

»Das Kind? Sie ist schon fünfundachtzig. Sie ist nur etwas müde, das ist alles.«

Wir steigen ein. Entsetzt schaue ich auf den Zähler. Die Ziffern, die den Preis angeben, surren vorbei, und es gibt einen schrillen Läuteton.

Ganz langsam wird mir bewußt, daß dieser Ton verursacht wird von unserem Wecker. Als der Wecker schweigt, geht das Telefon. Noch im Schlafanzug gehe ich hin.

»Ja, es tut mir leid, daß ich euch schon so früh stören muß. Deine Mutter liegt noch im Bett, aber wir kommen um vor Kälte, der Gasherd ist aus. Ich kriege die Sparflamme nicht an, darum rufe ich so früh an. Denn wenn Hans schon ins Büro ist, müssen wir ja bis heute abend warten, das halten wir nicht durch.«

Ich verspreche, daß wir sofort nach dem Frühstück kommen werden.

Bei unserer Ankunft stellen wir fest, daß Mutter doch

aufgestanden ist. Sie sitzt in ihrem Nachthemd, etwas eingekrümmt, ganz nah an dem kalten Ofen. Sie sieht mich entschuldigend an.

»Ja, ich dachte, ich setze mich schon mal hierher. Wenn Hans kommt, dann wird es schon werden. Hans schafft immer alles.«

Aber mit der Sparflamme allein ist es nicht getan. Hans ist eine ganze Weile beschäftigt mit Schraubenziehern und anderem Werkzeug. Vater immer um ihn herum und erteilt Ratschläge.

»Nein, Hans, was du da versuchst, das habe ich auch schon probiert. Der Knopf muß in die andere Richtung zeigen.«

Er bückt sich, um etwas zu verdrehen. Ein Erfolg ist nicht zu sehen, Hans arbeitet ruhig weiter.

»Nein, Hans, das geht nicht so. Ich weiß, wie das geht, du mußt dieses Plättchen«, er beugt sich erneut über den Ofen, »dieses Plättchen mußt du in deine Richtung ziehen!«

Unerschütterlich schlüsselt Hans weiter an dem Ofen, und Vater bleiben die Worte im Munde stecken, denn auf einmal leuchtet dort die Sparflamme auf.

Vater ruft begeistert: »Ja, prima, so ist es in Ordnung, wenn ich jetzt hier noch kurz drehe, dann brennt er wieder richtig«, und mit einer einzigen Bewegung bringt er die kleine Flamme zum Erlöschen.

Wir sehen ihn verstört an, und ich reagiere gereizt:

»Himmel, warum machst du das nur? Endlich hat Hans es geschafft, dann drehst du in aller Seelenruhe die kleine Flamme wieder aus.«

Bei diesen Worten kommt Mutter hoch. In ihrem zerknitterten rosa Nachthemd geht sie auf Vater los, greift ihn am Arm und sagt mit zitternder Stimme:

»Siehst du, was du jetzt wieder machst? Siehst du es jetzt? Die Flamme brannte, und du machst sie wieder aus.«

Sie wiederholt dies einige Male, sie spricht lauter, und schließlich schreit sie. Sie steigert sich in einen hilflosen Jähzorn hinein.

»Du denkst immer, du machst alles richtig, du weißt Bescheid, und ich kann gar nichts. Wenn ich mal etwas verkehrt mache, dann solltet ihr den Krach erleben, dann biegen sich die Balken. Und jetzt bist du so unbegreiflich blöde und drehst die Flamme wieder aus. Hans ist so freundlich, schon früh am Morgen hierherzukommen, er arbeitet schon eine ganze Weile, und das tut er für uns«, sie reißt seinen Arm hin und her, »das tut Hans nur für uns, und du drehst die Flamme aus. Wie kannst du nur!«

Zitternd, schluchzend setzt sie sich. Vater sagt nichts. Er schlurft in die andere Ecke des Zimmers. Mühsam sinkt er in seinen Sessel.

Hans macht die Flamme erneut an. Er sorgt für wärmende Glut, dann räumt er seine Werkzeuge weg. Es ist totenstill im Raum. Wir verabschieden uns, weil Hans dringend ins Büro muß.

Aufregung

Einen Tag später läutet wieder einmal das Telefon, ich nehme den Hörer ab und höre zunächst nichts. Dann ein Geräusch wie Hecheln, dann Vaters Stimme, die sich überschlägt.

»Sie haben deine Mutter weggeholt.«

»Weggeholt?!!!«

In Bruchstücken kommt seine Geschichte.

»Ja. Sie ist hingefallen und konnte nicht wieder aufstehen. Und ich wollte ihr doch helfen, aber ich bekam sie nicht hoch. Und da dachte ich, ich rufe den Notdienst. Dann kommen ein paar starke Männer. Die können sie ins Bett legen. Und es kamen auch wirklich ganz schnell ein paar von diesen weißen Brüdern. Aber ins Bett gehoben haben sie sie nicht.«

Er bleibt wieder stecken, atmet stoßweise.

»Sie haben sie in einen Krankenwagen gehoben. Und mitgenommen.«

»Wohin denn bloß?«

»Ins Rote-Kreuz-Krankenhaus.«

Das Gespräch bricht ab.

Ich rufe ein Taxi an. Eine Viertelstunde später finde ich Mutter auf einer Trage in der Unfallaufnahme. Sie hat nur ein Hemd an und ein Becken unter dem Kinn, in das sie sich heftig erbricht.

In einer Pause sage ich: »Tag, Mama.«

Sie sieht mich an, schluckt einige Male.

»Wie kommst du auf einmal hierher?«

Ich bemühe mich, es ihr zu erklären, da betritt eine

junge Ärztin den Raum. Sie stellt sich mir vor, aber ihren Namen kann ich nicht verstehen. Dann beginnt sie Mutter auszufragen. Was sie genau fühlt. Ob sie an irgendeiner Stelle Schmerzen hat oder in letzter Zeit gehabt hat. Mutters Antworten kommen träge, undeutlich, ausweichend. Eigentlich weiß sie gar nichts. Die Ärztin bittet mich, einen Augenblick im Wartezimmer zu bleiben. Sie will einen Kollegen bitten, bei einer genaueren Untersuchung zu assistieren. Nach einer halben Stunde höre ich das Ergebnis.

»Ihre Mutter darf nach Hause. Es gibt keinen einzigen Grund, sie hierzubehalten, denn sie ist völlig gesund. Alle Körperfunktionen sind in Ordnung. Sie leidet nur unter einer leichten Taubheit auf der einen Seite, das führt zu Übelkeit und Schwindel. Sonst hat sie nichts. Es ist eine Kleinigkeit. Sie muß zu einem Hals-Nasen-Ohren-Arzt. Ich gebe Ihnen eine Überweisung für Ihren Hausarzt, und dann dürfen Sie sie mit nach Hause nehmen. «

Ein Krankenwagen, der gerade wegfahren will, kann uns mitnehmen. Mutter wird mitsamt Trage hochgehoben und in das Auto geschoben. Ich will ihr folgen, werde aber zurückgewiesen. Der Pfleger zwinkert mir zu.

»Es tut mir leid. Dieser Ausgang ist ausschließlich für Zulieferer. «

Ich darf durch die Seitentür einsteigen, dann sitze ich neben Mutter. Ich versuche mit ihr zu reden. Sie reagiert kaum.

Ich klingle, mein Vater macht die Tür auf. Sein Gesicht ist fahl.

»Hier hast du Mutter wieder. Alles ist in Ordnung. «

Die Pfleger bitten um einen Stuhl und einen Hocker, ich stelle sie in den Flur, damit die Trage daraufgelegt werden kann. Mit geübten Bewegungen heben sie Mutter ohne weiteres ins Bett. Ein Spucknapf aus Pappe zum Wegwerfen wird neben ihren Kopf auf das Kissen gelegt. Die Pfleger verabschieden sich mit guten Wünschen. Vater steht am Bett. Er stützt sich auf seinen Stock, seine Kniee hängen durch. Er beugt sich über Mutter und fängt zu weinen an. Es ist ein nervös-schluchzendes Weinen, er zittert am ganzen Körper. Mit zitternden Händen tastet er nach Mutter, aber die Tränen blenden ihn. Mutter streichelt seine Hand ein wenig und sagt:

»Ach, du, mach dich doch nicht so nervös. Das ist doch gar nicht nötig. Alles ist doch gut so.«

Nachdem sie einigermaßen zur Ruhe gekommen sind, erkläre ich noch einiges: daß der Hausarzt noch kommen wird, denn er erhält die Überweisung vom Krankenhaus; daß ich morgen wiederkommen werde, um Essen zu kochen und vielleicht auch Medikamente zu besorgen.

Dann beginnt Mutter zu frieren, sie trägt noch immer nicht mehr als das dünne Hemd. Vater und ich versuchen gemeinsam, ihr ein Nachthemd überzuziehen. In winzigen Etappen, denn sitzen kann sie nicht. Sobald wir fertig sind, greife ich sofort zum Spucknapf, denn sie muß sich wieder übergeben.

Abends ruft Vater noch einmal an.

»Was soll ich machen? Deine Mutter will nichts essen und nichts trinken. Sie antwortet auf keine Frage, sie liegt einfach so da mit geschlossenen Augen.«

»Ach, laß sie doch ausschlafen. Es war ein sehr anstrengender Tag für sie, meinst du nicht?«

Die Überweisung muß noch zum Hausarzt. Es ruft ein unbekannter Herr an. Er vertritt eine (mir nicht bekannte) Organisation für Seniorenarbeit. Mit energischer Stimme weist er darauf hin, daß etwas getan werden muß. Der Zustand, in dem meine Eltern sich befinden, ist unhaltbar. Tja...

Am nächsten Tag führe ich ein Gespräch mit der Frau des Hausarztes. Ein ausführliches Gespräch. Sie meint, die Situation, in der meine Eltern leben, sei schlicht unmöglich geworden. Die beiden müßten in ein Heim. Wenn's sein müsse, auch gegen ihren Willlen.

»Ich weiß natürlich, was das bedeutet. Wir machen täglich unsere Erfahrungen mit alten Menschen. Auch in unserer eigenen Familie, denn sowohl meine Mutter als auch meine Schwiegermutter leben noch. Sie sind beide hochbetagt. Die Art dieser beiden, uns immer wieder in Gewissensnöte zu bringen mit ihren Forderungen, ist oft nicht mehr zu ertragen. Diese alten Menschen verstehen die moderne Zeit mit den veränderten Umständen nicht mehr. Bei Ihnen ist der Fall besonders schwierig. Sie dürfen auch nicht dauernd zu Ihren Eltern hingehen, für sie kochen und saubermachen. Das geht wirklich nicht, darüber müssen Sie sich im klaren sein.«

Sie gibt mir noch ein paar praktische Anweisungen. Es müssen Formulare ausgefüllt werden für den Spezialisten. Ihr Mann wird noch heute einen Hausbesuch machen. Aber das Rezept aus dem Krankenhaus: Ach, ihr Mann habe schon etliche Male genau die gleichen Medikamente verordnet.

»Aber Ihre Mutter weigert sich ja, sie einzunehmen. Hätte sie das nur getan, dann wäre es nicht so weit gekommen. All diese Aufregung umsonst.«

Am Nachmittag gehe ich zu den Eltern. Ich betrete eine unaufgeräumte Wohnung. Mutter liegt im Bett, und Vater überschüttet mich mit Vorwürfen.

»So, da bist du ja endlich. Wenn wir hier sterben, dann

ist dir das gleichgültig. Für dich ist es auch am besten, wenn du uns los bist. Dann kannst du dich wieder um dein eigenes Leben kümmern. Ich hoffe nur auf einen schnellen, sanften Tod.«

Mutter kommt halb hoch, sie stützt sich auf ihren Ellbogen.

»O Kind, deinem Vater geht's so schlecht. Er ist ganz durcheinander. So kann ich mich doch niemals erholen.«

Ich beruhige sie, spüle das Geschirr, koche Suppe, räume auf, schüttele die Kissen, tröste.

Am Spätnachmittag ist das Zimmer ordentlich, sitzt Mutter aufrecht in ihrem Bett und kommt Vater plötzlich mit einer Neuigkeit zu mir. Er stößt etliche Male meinen Arm an.

»Du, weißt du, was gestern passiert ist? Deine Mutter war im Rot-Kreuz-Krankenhaus. Auf einer Trage.«

Das Fest

Mitten in all diesen schwierigen Tagen gibt's plötzlich ein Fest. Die Einladung kommt wie ein Sonnenstrahl aus bewölktem Himmel. Hans hat an der Errichtung einer überdachten Sporthalle mitgearbeitet. Jetzt werden wir gebeten, an der Eröffnungsfeier teilzunehmen.

Wir fahren nach Amstelveen. Wir betreten einen großen Saal voller Menschen in Festtagsstimmung. Blumen, Dekorationen, eine Bar. Fotografen mit Blitzlichtgeräten. Ein Bürgermeister mit einer nicht enden wollenden Rede. Applaus. Etwas, was mir unsichtbar bleibt durch die Menge, wird durchgeschnitten. Stimmenwirrwarr. Rings um mich herum werden lebhafte Gespräche geführt. Über die neuen Möglichkeiten des Bauens. Über die Unmöglichkeit unserer Volkswirtschaft. Der letzte Witz wird erzählt. Gelächter.

Auf der Heimfahrt ist unser Auto voller Menschen, die die Fröhlichkeit gerne noch ein bißchen fortsetzen möchten. Geräuschvoll betreten sie unser Wohnzimmer. Hans legt eine Platte auf. Ein Korken knallt. Gerade hebe ich mein Sektglas, da läutet das Telefon. Ich nehme den Hörer ab. Es meldet sich eine mir unbekannte Frauenstimme. Den Namen verstehe ich nicht.

»Ich bin schon den ganzen Tag bei Ihren Eltern. Alle halbe Stunde habe ich bei Ihnen angerufen. Ich freue mich, daß Sie endlich da sind.«

»Gibt es denn Schwierigkeiten?«

»Ja, das kann man wohl sagen. Heute morgen hörte ich einen solchen Lärm, daß...«

Der Rest entgeht mir. Um mich herum Gelächter. Verzweifelt versuche ich, mit Gebärden Ruhe zu erzwingen. Ich stelle mein Glas ab, halte mein anderes Ohr zu und höre wieder.

»Ja, also, heute morgen hörte ich einen solchen Lärm, daß mir angst und bange wurde. Darauf bin ich nach unten gegangen, um nachzusehen. Da war Ihr Vater zugange mit seinem Stock. Er schlug auf das Bett Ihrer Mutter und manchmal auf ihren Kopf, und Ihre Mutter versuchte, sich gegen den Stock zu wehren, aber es war unmöglich. Ihr Vater stand da und schrie die ganze Zeit: ›Du bist nicht krank, du stellst dich nur krank, gerade haben sie dich noch im Krankenhaus untersucht, dort haben sie gesagt, du wärest kerngesund, darum will ich, daß du jetzt aufstehst und Essen kochst!‹ Oh, Sie wissen nicht, wie furchtbar das war. Ihre arme Mutter lag nur da und sagte: ›Ich kann nicht, ich bin wirklich krank, warum glaubst du mir nicht?‹ Glauben Sie mir, ich zitterte am ganzen Körper, ich traute mich nicht, die beiden allein zu lassen, und darum meinte ich, daß ich Sie anrufen müßte. Können Sie nicht kommen, dann kann ich wieder nach oben gehen, denn mein kleiner Sohn ist dort allein, und ich konnte mich den ganzen Tag um nichts kümmern.«

Ihre Aufzählung nimmt kein Ende. Manchmal verstehe ich einige Wörter nicht durch den Lärm, das Klingen der Gläser und die Musik in unserem Wohnzimmer. Ich verstehe, daß die Nachbarin, die über meinen Eltern wohnt, mich anruft. Ich lasse die Festlichkeiten hinter mir und mache mich auf den Weg zu meinen Eltern.

Meine Mutter sitzt auf dem Bettrand und Vater ganz dicht bei ihr auf einem Stuhl. Sie sagen nichts. Vor allem Vater hat einen abwesenden und erschütterten Gesichts-

ausdruck. Ich versuche, beruhigend mit ihnen zu sprechen, ich frage, was geschehen ist. Sie erzählen abwechselnd. Ich sehe, wie ihre Gesichter sich entspannen.
Mutter geht in die Küche, um die Kartoffeln aufzusetzen.
Eine halbe Stunde später sitzen sie am gedeckten Tisch
und essen: angebranntes Endiviengemüse und nicht
ganz gares Fleisch.

Ich frage sie, ob ich die Nachbarin von oben einen
Moment zu uns bitten darf. Ich möchte ihr danken für
ihren Beistand. Jetzt höre ich, daß ihr Name Frau Selin
ist, und sobald sie sitzt, redet sie los und redet in einem
fort. Wie nervös sie das alles gemacht hat. Sie beschreibt
ausführlich, wie alles verlaufen ist.

»Ich nahm Ihrem Vater den Stock aus der Hand, ich
brachte ihn dazu, daß er sich hinsetzte. Ich gab ihm ein
wenig Wasser zu trinken, ich zitterte selber so fürchterlich. Ich wußte nicht mehr, was ich tun sollte.«

Vater geht mühsam zum Schrank. Er braucht eine neue
Batterie für sein Hörgerät, damit er Frau Selin verstehen
kann.

Sie berichtet weiter. Ein Notarzt sei auch noch dagewe-
sen. Das Rezept liege auf dem Klavier. Daß es schon seit
längerem nicht gut gehe. Was alles geschehen sei in den
vergangenen Wochen.

»Die Nachbarn gegenüber haben einmal Essen gebracht, Möhren, Kartoffeln und ein Stück Fleisch, richtig gutes Essen. Aber Ihre Mutter fand das Fleisch nicht
gut und die Möhren schlecht zubereitet, und dann haben
sie alles in den Mülleimer getan.«

Das Hörgerät funktioniert wieder, Vater sitzt auf seinem Stuhlrand und hört aufmerksam zu.

»Einmal kam ich nach unten, da roch ich eine so starke
Gasluft, da war der Gashahn offen, jemand hatte verges-

sen, ihn zu schließen. Ich habe sofort alle Fenster und Türen aufgerissen und gewartet, bis alles draußen war.«

Sie nickt Vater ermutigend zu, dann fährt sie leiser fort: »Wir haben oft Angst, wissen Sie. Ihr Vater und Ihre Mutter meinen es ja nicht so, aber es wird gefährlich, es könnte zu Unfällen kommen. Und wir wohnen direkt über ihnen mit unserem Kind.«

Sie ist noch lange nicht fertig, aber ich kann einfach nichts mehr aufnehmen. Wir holen die verschriebene Medizin aus der Apotheke. Es ist inzwischen spät geworden.

Der Amtsarzt

Den Hausarzt habe ich gefragt, was jetzt werden solle. Er hat mir geraten, mich mit dem Amtsarzt in Verbindung zu setzen, er gibt mir einen Brief mit.

Da gehe ich also in die Korte Vleerstraat. Ein großes Gebäude, ich fahre mit dem Fahrstuhl in die dritte Etage. Ich muß lange warten, dann werde ich endlich von einer äußerst liebenswürdigen jungen Frau empfangen. Sie hört sich aufmerksam und geduldig meine Geschichten an, von der Aufregung mit dem Krankenhaus, der Furcht der Nachbarn, dem nichtverschlossenen Gashahn. Bei der Unterhaltung wird immer deutlicher, daß wir nichts unternehmen können. Solange meine Mutter sich weigert, in ein Altersheim zu gehen, sind wir allesamt machtlos. Niemand kann sie zwingen. Nur wenn tatsächlich Klagen beim Amtsarzt eingehen sollten, aber selbst dann werden diese Klagen nur ernst genommen, wenn sie von mehreren Seiten kommen. Also zum Beispiel von Nachbarn aus einer Straße, die sich zusammentun. Eine einzelne Beschwerde bewirkt überhaupt nichts. Die Dame nimmt ein großes Formular, schreibt sich alle Daten auf, steckt es in ihre Kartei, und dann darf ich gehen. Ich rufe Frau Selin an, um ihr zu berichten. Sie schüttet einen Wortschwall über mich aus. Sie spricht lange, aufgeregt, ab und zu mit tränenerstickter Stimme.

»Heute morgen, da war ich kurz bei Ihren Eltern, ich hatte ihnen versprochen, Kaffee zu kochen. Ich hatte den Kaffee schon in Tassen eingeschenkt, ich dachte, da müssen sie nicht selbst spülen. Aber als ich klingelte, öffnete Ihre Mutter die Tür und sagte: Wir haben schon Kaffee getrunken. Da konnte ich wieder hochgehen mit meinen Tassen, und als ich damit ganz vorsichtig die Treppe hochging, da war mir so richtig zum Weinen.«

Das Formular

Am nächsten Donnerstag sieht mein Vater mir aufgeregt entgegen, als ich zu meinem Besuch komme. Noch ehe ich mich setzen kann, hat er mir schon einen dicken Umschlag in die Hände gegeben. Er enthält einen Brief und eine Fragenliste, die zu einer eventuellen Aufnahme in ein Altersheim ausgefüllt werden muß. Mutter sitzt schweigsam in einer Ecke neben dem Klavier, ihr Gesicht ist blasser als sonst. Mir ist klar, daß böse Worte gewechselt worden sind. Mein Vater beginnt mir in hektischem Ton zu erklären, wie eigensinnig Mutter ist.

Ich lese die Fragen kurz durch und stelle fest, daß unten auf der Seite von beiden Eheleuten eine Unterschrift geleistet werden muß. Ich zeige es Vater, er geht energisch zum Schrank, holt einen Füller, setzt sich an den Tisch und unterschreibt mit seinem Namen. Dann geht er zu Mutter, gibt ihr den Füller in die Hand und hält ihr das Formular vor. Mutter spricht kein Wort, schüttelt nur stumm den Kopf. Vater wendet sich zu mir und beginnt wieder zu sprechen. Noch nervöser, noch lauter, bis es wieder in Schreien ausartet.

»Verstehst du so etwas? Mit so einer Person kann man sich doch nicht abgeben! Dieses Elend, das wir hier durchmachen, das ist nicht auszuhalten. Dann gibt es endlich eine Möglichkeit, und sie weigert sich einfach. Immer nur nein, nein, nein.«

Ich sehe zu Mutter hinüber. Sie legt den Füller auf das Klavier, sieht die Tasten an und schweigt. Ich mache eine Handbewegung in Vaters Richtung, versuche ihn zum

Schweigen zu bringen. Endlich gelingt es mir, und ich versuche mit Mutter zu sprechen, aber ganz leise und so ruhig wie nur möglich.

»Ist das vernünftig, Mama? Weißt du, daß es für alle diese Heime Wartelisten gibt? Wenn du heute unterschreibst, heißt das ja nicht, daß du schon morgen umziehen mußt. Das kann noch Monate dauern.«

Ich rede weiter. Ab und zu sieht sie mich an, heftet dann ihren Blick wieder auf die Klaviertasten. Sie spricht nicht. Ich spüre, wie ich ermüde, aber ich gebe nicht auf, lasse mir Argumente einfallen, um sie dazu zu bringen, zu unterschreiben.

»Selbst wenn du unterschrieben hast, bedeutet das noch nichts Endgültiges. Wenn du es dir dann überlegst, brauchst du ja nicht zu gehen. Kein Mensch auf dieser Welt kann dich zwingen.«

Sie läßt ihren Blick von den Tasten zu mir wandern.

»Stimmt das wirklich?«

»Aber ja doch, Mam, das denke ich mir nicht aus. Das stimmt wirklich.«

»Na ja, wenn du wirklich sicher bist...«

Vater steht ruckartig auf, nimmt sie beim Arm und will sie zum Tisch begleiten. Aber ich halte ihn zurück.

»Bitte nicht. Laß Mutter nicht den ganzen Weg machen. Unterwegs könnte sie es sich noch einmal überlegen.«

Ich reiße das Formular vom Tisch, suche eine feste Unterlage und sehe einen Band Mozartsonaten. Alles lege ich ihr auf den Schoß, und auf diesem klassischen Untergrund schreibt sie mit unsicheren, zittrigen Bewegungen ihren Namen.

Tagebuch im Oktober

Samstag, 1. Oktober

Morgens fahren wir zu den Eltern, zum Kaffee. In einem Körbchen habe ich verschiedene kleine Überraschungen mitgebracht. Auf dem Tisch breite ich die Gaben aus: ein Paket Kaffee, eine Flasche Kaffeesahne, eine Rolle Kekse, eine Kiste Zigarren, ein Stück Käse, ein paar Schokoladenriegel. Vater zeigt kein Interesse. Er bleibt in seiner Ecke am Ofen. Mit ernstem Gesichtsausdruck winkt er mir zu, ich solle mich neben ihn setzen.

»Haben wir nicht in dieser Woche ein Formular unterschrieben?«

»Ja, das stimmt. Ich habe zu Hause die fehlenden Angaben dazugeschrieben, mit der Schreibmaschine, dann habe ich es abgeschickt.«

»Hat deine Mutter auch schon unterschrieben?«

»Ja, das hat sie. Es war ein bißchen schwierig, aber es ist gelungen.«

»Aber das war doch eine richtige Gemeinheit von dir!«

»Gemein?????«

»Ja. Ich finde das ein Unding. Uns einfach so hinterlistig unterschreiben zu lassen, auf ein leeres Formular. Ist dir klar, daß ich das für ungültig erklären lassen kann? Wenn ich eidesstattlich erkläre, daß ich ein leeres Blatt unterschrieben habe, kann niemand etwas von mir wollen. Ich durchschaue dich ja. Du willst uns schlicht und ergreifend aus unserem Haus verjagen. Dann kannst du endlich unsere Sachen haben, und darum geht es dir doch nur.«

Mutter kommt kopfschüttelnd zu ihm, zupft ihn am Arm.

»Nun reg dich doch nicht so auf. Es ist doch gar nichts los. Ich glaube, daß du das ein wenig verkehrt siehst. Jetzt laß doch erst mal das Thema, laßt uns doch erst einmal Kaffee trinken. «

Vater brummelt noch vor sich hin.

»Na gut, ich sag schon nichts mehr. Aber richtig finde ich es nicht. Warum können solche Dinge nicht ein bißchen humaner geregelt werden? «

Wir rühren unseren Kaffee, Mutter wendet sich mir zu und sagt leise:

»Weißt du, warum das ist? Er kann es doch nicht so gut einsehen, daß wir schließlich doch noch ins Heim müssen. Er ist sich seiner Sache gar nicht so sicher! «

Sonntag, 2. Oktober

Schon um neun läutet das Telefon. Vater erzählt, daß Mutter wieder krank im Bett liegt und daß er zu müde sei zum Kochen. Er fügt hinzu: »Na ja, schließlich können wir ja auch Brote essen. Davon stirbt man nicht. «

Gerade als ich die Suppe aufgetan habe, um halb eins, ist er wieder am Telefon:

»Sag mal, weißt du denn keinen, der für uns etwas zum Mittagessen machen kann? «

»Woher sollte ich so jemanden auftreiben? «

»Was sagst du? «

»Woher soll ich jemanden nehmen, der für euch kochen kommen kann? «

»Ich verstehe dich nicht. Sprich doch einmal etwas deutlicher. «

»Mir fällt so schnell niemand ein, der für euch kochen könnte.«

»Na schön. Aber kannst du denn nicht schnell mal eben vorbeikommen? Du hast doch sowieso nichts zu tun.«

»Ich habe etwas zu tun. Ich habe meinen eigenen Haushalt, und ich wollte gerade Suppe essen.«

»Wie?«

»Es ist für mich nicht leicht, jetzt zu euch zu kommen.«

»Kannst du denn nicht bei der Sozialstation anrufen?«

»Das geht doch nicht, am Sonntag.«

»Was sagst du?«

»Die Sozialstation ist sonntags nicht besetzt.«

»Wie?«

»Am Sonntag können wir niemanden erreichen.«

»Am besten ist es, wenn wir einfach krepieren. Eine richtige Schande, das muß ich schon sagen. Daß du uns einfach so hängen läßt. Du hast so viele Bekannte. Ist denn keiner dabei, der uns ein wenig zur Hand gehen kann?«

»Ach, wie soll das denn gehen?«

»Ich verstehe schon. Du läßt uns sitzen. Na, dann wünsch ich dir alles Gute.«

Das Gespräch ist beendet, ich fülle die Suppe vorsichtig um, damit ich sie wieder aufwärmen kann.

Montag, 3. Oktober

Mittags ruft Mutter an. Fast flüsternd sagt sie:

»O Kind, kannst du kurz vorbeikommen?«

»Warum, Mama? Ist etwas passiert?«

»Das kann ich dir am Telefon nicht sagen.«

Ich höre dumpfe Geräusche, einen Ton wie zerspringendes Glas, dann Gepolter, als würden Möbel umgeworfen. Mitten im Getöse Vaters Stimme. Ich kann ihn nicht verstehen, aber dann sagt Mutter hastig:

»Ich muß auflegen.«

Ende des Gesprächs.

Eine halbe Stunde später ruft sie wieder an:

»Vater zog mich vom Apparat. Ich durfte nicht mit dir reden. Aber jetzt ist er in der Küche.«

Sie beginnt zu weinen. Sie stammelt:

»Ich wollte, du könntest kurz kommen.«

»Aber was ist denn eigentlich los, Mama?«

»Dein Vater hat einen fremden Mann hereingeholt. Einfach so, von der Straße. Und er will alle Bücher verkaufen. Fast umsonst. Das finde ich so furchtbar. Es sind so schöne Bücher dabei, die hätte ich dir so gerne gegeben. Was soll ich denn nur tun?«

»Aber ist dieser Mann denn jetzt gegangen?«

»Ja. Der wollte nicht genug bezahlen, aber Vater sagt: Ich finde schon jemanden.«

Sie schluchzt. Ich versuche, sie zu beruhigen.

»Warte es doch erst einmal ab. So schlimm wird es sicher nicht. Hast du nicht früher selber immer gesagt: Die Suppe wird nie so heiß gegessen, wie sie gekocht wird?«

Dienstag, 4. Oktober

Heute morgen ruft ein fremder Herr an. Er sagt seinen Namen nicht, spricht sehr dialektgefärbt.

»Also, Sie, da gehe ich einfach so über die Straße. Steht da ein Herr an einer Tür. Sagt mir der Herr: ›Ich hab' kein Essen im Haus, meine Frau liegt krank im Bett, und keiner kümmert sich um uns.‹ Geh ich mit ihm ins Haus. Denn schließlich sind wir ja auf der Welt, um einander zu helfen, nicht wahr. Sag ich zu diesem Herrn: ›Haben Sie denn überhaupt keine Verwandtschaft, keine Kinder oder so?‹ ›Doch‹, sagt der Herr, ›ich habe eine Tochter‹, und das sind also Sie. Sie, das dürfen Sie mir jetzt nicht übelnehmen, aber diese Menschen können doch nicht einfach so sich selbst überlassen bleiben. Da muß doch irgendeine Hilfe her. Ich kann gerne bei der Sozialstation anrufen, ich kenne da wen.«

»Glauben Sie mir, es kommt dreimal in der Woche jemand von der Sozialhilfe. Diese Dame will gerne für meine Eltern kochen, aber meinem Vater ist das zu früh, zwölf Uhr.«

»O ja, dann ist es natürlich etwas anderes. Ja. Ihr Vater muß natürlich schon ein bißchen konservativ sein.«

Dieser Satz hat mir viel zu denken gegeben. »Konservativ?« Meinte er vielleicht »kooperativ«?

Heute nachmittag ist wieder Frau Selin am Telefon.

»Heute morgen war die Polizei hier. Erschrecken Sie nicht, es hatte nichts mit Ihren Eltern zu tun. Irgend etwas mit einer Antenne bei den Nachbarn, aber Ihr Vater hat den Polizisten mit ins Haus gebeten. Er hat ihm sein Leid geklagt, erzählt, daß seine Frau krank sei, daß gar kein Essen im Haus sei und keiner ihnen hilft. Darauf hat der Polizist gesagt, daß dann etwas geschehen müsse. Er meinte, ich solle die Nachbarn um ihre Unterschrift bitten. Aber das finde ich doch so fürchterlich Ihren Eltern gegenüber.«

Wir beschließen zusammen, daß wir vielleicht doch noch etwas abwarten sollten. Sie hat noch mehr unerfreuliche Nachrichten. Vater hat ein Mädchen schrecklich beschimpft, das ihm helfen wollte. Über mich rede er sehr verwirrt.

»Manchmal meint er: ›Ich habe nur eine Tochter, und

die ist ein Schatz.‹ Ein andermal sagt er, Sie kümmerten sich um gar nichts. Sie lassen Ihre Eltern einfach im Stich und sehen nie nach ihnen.«

Mittwoch, 5. Oktober

Frühmorgens ruft Frau Dogor an.

»Es tut mir leid, daß ich Sie schon so früh stören muß, aber es ist wieder ein heilloses Durcheinander. Von Ihrem Vater soll ich Ihnen ausrichten, daß Ihre Mutter schon wieder seit Tagen im Bett liegt. Außerdem war heute morgen ein Mann im Haus. Ein Ankäufer von Nachlässen und Antiquitäten. Ihr Vater will alles verkaufen, weil sie ja doch ins Heim sollen, da wäre nicht genug Platz. Nur die Bücher von G. Bomans will er behalten, der Rest soll weg. Aber der Händler wollte ihm nicht genug bezahlen, da sagte Ihr Vater: ›Nein, wenn Sie mir nur so wenig geben wollen, dann gebe ich die Sachen genauso gern meiner Tochter.‹ Aber mir wird ganz anders dabei. Es ist doch jammerschade, wenn Ihr Vater seine schönen Sachen einfach so verschleudert. Ich habe mich einmal umgesehen. Es sind so schöne Bücher dabei, und ich finde es furchtbar, wenn sie auf diese Art und Weise wegkommen.«

Sie wird von Vaters Stimme unterbrochen.

»Und wir sitzen hier, und du kümmerst dich nicht im geringsten.«

Ich höre, wie Frau Dogor freundlich auf ihn einredet, plötzlich wird die Verbindung abgebrochen.

Im Laufe des Nachmittags, während meiner Klavierstunde, läutet das Telefon. Es ist Vater.

»Du, ich möchte Geld von meinem Konto abheben, aber ich weiß nicht, wie ich das machen soll.«

Ich antworte ihm, daß ich ihm morgen dabei helfen werde, es ist dann ja Donnerstag, und ich komme sowieso, außerdem unterrichte ich jetzt gerade.

»Was redest du da alles? Sprich doch etwas langsamer.«

Ich wiederhole alles laut und deutlich, das Wort »Klavierstunde« spreche ich einige Male. Ich betone die Silben einzeln.

Dann sagt er bescheiden: »Oh, entschuldige bitte«, und legt auf.

Wir fahren fort mit Bach.

Abends ruft er noch einmal an.

»Deine Mutter liegt im Bett und tut nichts anderes als schlafen. Das kann doch nicht in Ordnung sein, wenn jemand fündundachtzig ist. Ich sehe schon, das ist der Anfang vom Ende.«

Donnerstag, 6. Oktober

Heute muß ich mehrere Male läuten, ehe mein Vater mir aufmacht. Er geht sofort zurück zum Tisch, auf dem schon wieder die hübsche Geldkassette mit den Intarsien steht. Der Inhalt ist auf dem ganzen Tisch verstreut. Vater fängt an, mir ausführlich zu erklären, daß ich in der Kassette alles finden kann, wenn er nicht mehr sein sollte. Ich weise darauf hin, daß ich das seit Jahren auswendig hersagen kann, und gehe zu Mutters Bett.

Als ich sie gesehen habe, frage ich meinen Vater, ob es nicht doch vernünftig wäre, den Arzt anzurufen. Aus dem hinteren Zimmer erklingt Mutters Stimme.

»Nein, nein, komm lieber noch einmal hierher. Das würde ich lieber noch nicht tun. Der Arzt kann doch nichts ausrichten, und mich macht das nur nervös.«

Ich wärme ihnen eine Suppe, und sie essen beide eine

Tasse davon. Ich fülle Vaters Scheck aus und helfe ihm, seine Kassette wieder einzuräumen. Er dreht den kleinen Schlüssel herum, tut alles zurück in den Schrank. Er steckt sich eine Zigarre an.

Zwischen zwei Zügen sagt er:

»In zwei Tagen werde ich neunzig. Ob Mutter dann schon aufstehen kann?«

Auf dem Heimweg nimmt der Plan, doch noch einmal mit dem Arzt zu sprechen, Gestalt an. Dies erweist sich jedoch als überflüssig, denn eine Stunde später schon ist Frau Selin am Apparat.

»Ich habe mit dem Hausarzt Ihrer Eltern gesprochen. Sie haben ihn nämlich von sich aus angerufen, er will nachher einen Hausbesuch bei ihnen machen. Er bat mich, Ihnen Bescheid zu sagen und Sie zu bitten, ebenfalls zu kommen.«

Hans und ich beeilen uns. Bei unserer Ankunft ist Mutter immer noch im Bett, und Vater sitzt in seinem Sessel am Ofen. Er sagt kaum etwas.

»Ich bin völlig ratlos. Ich weiß nicht mehr, was ich tun soll.«

Wir warten ein Stündchen, dann kommt der Hausarzt herein mit den Worten: »Schon wieder Alarm.«

Er untersucht Mutter, dann setzt er sich zu uns an den Tisch. Er macht sich Notizen und erläutert sie uns gleichzeitig.

»Eigentlich liegt nichts vor. Tatsächlich fehlt Ihrer Mutter nichts. Trotzdem werde ich jetzt eine Einweisung erzwingen. Am besten sofort, ehe noch ein Unglück geschieht.«

»Aber, Herr Doktor, in zwei Tagen hat mein Vater Geburtstag, dann wird er neunzig. Das paßt nicht so gut, finden Sie nicht?«

Der Arzt legt seinen Füller weg, sieht mich an und sagt kurz:

»Na, dann eben nicht, dann geht alles wieder von vorne los.«

Ich senke den Kopf, und der Arzt schreibt weiter. Ab und zu blickt er auf, wendet sich abwechselnd an Hans und an mich.

»Es ist gar nicht so einfach, denn einen klaren Grund für ihre Aufnahme kann ich nicht nennen.«

Er legt seinen Füller noch einmal weg, macht eine Art Verzweiflungsgebärde mit beiden Händen und fragt:

»Fällt sie manchmal in Ohnmacht? Können Sie mir nicht ein wenig helfen? Denken Sie sich ein paar Krankheiten aus, ich muß doch etwas angeben.«

Er schüttelt seinen Kopf, schreibt ein paar Worte auf, sieht uns noch einmal an.

»Es ist schließlich meine Aufgabe, mich für die Menschheit in Not zu opfern. Das muß jetzt sein, denn die werden sicher denken: Was ist das bloß für ein Arzt?«

Nach einigem Reden, Überlegen, Grübeln und Beraten sind schließlich doch ein paar Seiten beschrieben, und der Arzt steckt seinen Füller weg.

Zuerst gehe ich zu Mutter, um ihr zu erzählen, daß sie für ein Weilchen ins Krankenhaus muß. Sie reagiert unerwartet ruhig.

»Oh, na ja, dann bin ich ja in guten Händen.«

Bei Vater ist es schwieriger. Ich sehe, wie seine Hände zittern, Tränen rollen.

Es gibt noch einige Dinge, die der Arzt telefonisch regelt. Ich höre, wie er sagt: »Welches Krankenhaus, ist unerheblich.«

Er verabschiedet sich, Mutter verkündet, daß sie auf die Toilette muß. Sie kann nicht gehen. Hans und ich nehmen sie in die Mitte, mit viel Geduld erreichen wir die Toilette. Als sie nach endlosen Mühen sitzt, läutet es an der Tür, und das Krankenauto wartet.

Zwei Pfleger kommen herein mit einer Trage. Ich hole schnell den benötigten Stuhl und den Hocker, und dann stehen wir alle im Flur und warten, denn Mutter ist noch nicht fertig. Ich helfe ihr mit der Hose, die nicht will. Ich sehe einen Riß im Ärmel ihres Nachthemdes, und sie will noch nach ihrem Taschentuch suchen. Aber die Pfleger treten kurzentschlossen auf. Sie binden sie fest auf der Trage, warten einen Augenblick auf Vater, der sich von ihr mit einem langen Kuß verabschiedet, dann tragen sie sie aus dem Haus. Vater trabt hinter ihnen her, dann bleibt er auf der Straße stehen, um dem weißen Auto nachzuschauen, bis es um die Ecke verschwunden ist.

Ich bringe Vater zu seinem Sessel zurück. Er beginnt zu weinen. Lange und heftig. Ich gebe ihm ein Taschentuch. Er sieht mich an mit roten, verweinten Augen.

»Das ist dann also mein Geburtstagsgeschenk.«

Freitag, 7. Oktober

Der Tag beginnt wieder früh. Noch vor acht Uhr ruft Frau Selin an.

»Ich war kurz unten bei Ihrem Vater, aber die Gardinen sind noch zu, und er macht nicht auf. Ich habe wirklich ganz lange geklingelt. Ich bin ein bißchen besorgt. So ein alter Mann, mit diesem Kummer, die ganze Nacht allein.«

Hans und ich fahren hin. Wir müssen tatsächlich sehr lange klingeln. Gerade in dem Augenblick, als wir zu überlegen beginnen, was zu tun ist, geht die Tür auf. Da steht Vater. Er hält seinen Kopf mit beiden Händen, ein Kopf voll mit weißem Schaum. Ein lachendes Gesicht.

»Kinder, was macht ihr denn schon so früh hier? Ich wasche mir gerade die Haare.«

»Ja, das ist deutlich zu sehen. Wir wollten nur kurz nach dir schauen, sehen, ob es dir gutgeht. Und fragen, ob wir etwas für dich tun können.«

»Nein, wirklich nicht. Ich komme gut zurecht. Und wenn ich Schwierigkeiten habe, darf ich mich an meine Nachbarin oben wenden.«

Nach diesen beruhigenden Worten fahren wir los. Hans bringt mich zum Gesundheitsamt, wo ich erläutere, daß mein Vater allein in seiner Wohnung ist, und frage, was jetzt getan werden kann. Ich werde mit komplizierten Geschichten eingedeckt. Erneut muß ich alle Daten sagen, erneut werden diese in eine Kartei aufgenommen. Ich sage, daß ich dies bereits getan habe, aber das zählt nicht.

Ich rufe bei der Nachbarschaftshilfe an und frage, ob es möglich ist, daß mein Vater täglich Hilfe bekommt. Nein, leider geht dies nicht sofort.

Eine Krankenschwester vom Gesundheitsamt ruft mich an. Sie besucht Vater. Sie macht mir klar, daß hier eine tägliche Hilfe kommen muß. Wie nebenbei sagt sie, daß meine Mutter, wenn es ihr besser geht, bald wieder nach Hause entlassen werden kann. Ich verspüre eine Art Panik und versuche in knappen Worten die unmögliche Situation zu erläutern.

»Kurz gesagt, dieser Haushalt kann einfach nicht mehr selbständig geführt werden. Könnte meine Mutter nicht direkt aus dem Krankenhaus in ein Heim eingewiesen werden?«

»Oh, ich bitte Sie. Sie wissen einfach nicht, was Sie da

sagen. Es gibt so viele Menschen, die in bedauernswerten Umständen leben, die gehen natürlich wirklich vor, das müssen Sie doch verstehen. Es wird mindestens noch ein paar Monate dauern für Ihre Mutter.«

Ich bleibe am Telefon, wähle gleich die Nummer von Frau Selin. Berichte ihr, was die Krankenschwester mir soeben gesagt hat. Sie reagiert zornig.

»Nein, nein, das geht wirklich nicht. Unmöglich. Ihre Mutter wieder nach Hause? Nein, nein, das gibt eine Katastrophe!«

Sie stolpert über ihre Worte, ihr geht der Atem aus.

»Ich werde meinen Mann bitten, daß er zum Gesundheitsamt geht, um dort alles zu erklären. Er wollte das ja schon längst machen, aber es war uns so unangenehm wegen Ihrer Eltern und auch Ihretwegen. Aber jetzt muß es einfach sein. Wir müssen dort Bescheid sagen, wie die Sachlage wirklich ist. Dann soll er dort auch erzählen, daß der Gashahn offen war und daß wir hier oben wohnen mit einem Kind.«

Nachdem sie ihrem Herzen Luft gemacht hat, beruhigt sie sich ein wenig. Ich frage, wie es meinem Vater geht.

»Na, soeben ging es nicht sehr gut. Er war außer sich. Er drohte, alle Teller zu zerschmeißen. Und sich selber umzubringen. Mich hat er fürchterlich beschimpft. Ich hatte ihm Tee eingeschenkt, dann das Teesieb falsch hingestellt. Das gehört auf den Teewagen. Na ja, ich hatte es kurz auf den Tisch gestellt, das war näher. Er war außer sich.« Sie seufzt hörbar. »Es ist hoffnungslos, ich weiß nicht weiter.«

Abends halb sieben. Ich hole Vater mit einem Taxi ab, damit wir Mutter besuchen können. An jeder Straßenecke will er wissen: »Wo sind wir jetzt?«

Er weint. Entweder weint er, oder er fragt. Vor dem

Krankenhaus haben der Fahrer und ich unsere liebe Not, Vater aus dem Taxi zu helfen. Schritt vor Schritt betreten wir die große Halle. Die breiten Treppen vor uns machen ihm angst.

»Das schaffe ich nie.«

Ich bitte eine Schwester um Hilfe, wir dürfen in einen besonderen, großen Aufzug. Dann folgt ein langer, ein endlos langer Flur. Ich muß meinen Vater stützen. Ab und zu lehnt er mit seinem ganzen Gewicht auf mir. Ich muß alle meine Kräfte zusammennehmen, damit wir nicht gemeinsam am Boden landen. Ganz kurz muß ich ihn allein stehen lassen.

»Bitte warte ein paar Sekunden, ich muß die richtige Tür suchen.«

Ich finde die richtige Nummer, öffne die Tür und sehe einen langen Saal. An beiden Seiten steht eine fast unabsehbare Reihe von Betten. Ich sehe mir alle Gesichter an, und wirklich, im allerletzten Bett sehe ich Mutter liegen.

Wir machen uns an den mühsamen Weg, durch den ganzen langen Saal hindurch, an all den Betten vorbei. Mutter sieht uns kommen. Zu meiner Überraschung lächelt sie uns an. Sie lacht übers ganze Gesicht, ihre Augen strahlen, und sie wirkt jünger in ihrem Blümchennachthemd. Vater bleibt vor dem Bett stehen, beugt sich über sie und gibt ihr einen Kuß. Dann beginnt er zu weinen und will sich sofort setzen. Ich schiebe hastig einen Stuhl herbei, muß ihn mit einiger Kraft unterstützen.

Mutter zieht in übergroßer Überraschung die Augenbrauen hoch.

»Warum weinst du denn bloß? Das ist doch überhaupt nicht nötig, mir geht es ausgezeichnet hier. Die Schwestern sind allerliebst, und das Essen ist ausgezeichnet. Ich esse meinen ganzen Teller leer.«

Nach dieser Bemerkung höre ich ihr perlendes Lachen, das ich seit Ewigkeiten nicht mehr gehört habe.

Ich lege die Papiertüte mit Schokolade und anderen Süßigkeiten auf ihren Nachttisch und sehe mich ein wenig auf dem Flur um, damit die beiden ein Weilchen ungestört reden können. Mein Plan gelingt, denn bei meiner Rückkehr sitzt Vater mit beiden Ellbogen auf das Bett gestützt, es ist ein angeregtes Gespräch im Gange.

Es ist nicht leicht, Vater klarzumachen, daß die Besuchszeit vorbei ist. Er kommt zum Stehen, sieht aber Mutter unverwandt an, ich sehe eine Träne. Mutter winkt mich zu sich und sagt:

»Laß ihn lieber nicht allzu häufig kommen. Es ist so ein Nervenkampf für ihn, du siehst, er ist ganz durcheinander. Du kannst mir ja immer erzählen, wie es zu Hause geht.«

Vater steht immer noch da, er beginnt ihr zuzuwinken mit seinem Gehstock. »Tschüs. Tschüs.«

Dies wiederholt sich einige Male. Ich versuche, ihn zu bewegen, ein paar Schritte weiterzugehen. Er winkt erneut, stößt aus Versehen an das nächste Bett. Er sieht die Dame in dem Bett entschuldigend an und sagt:

»Heute bin ich noch neunundachtzig, aber morgen werde ich neunzig.«

Auch dieses wiederholt sich einige Male, bis ich sehe, daß Mutters Gesicht sich verfinstert. Sie macht eine abwehrende Geste in unsere Richtung und dreht sich dann resolut auf die Seite. Endlich läßt er sich wegführen. Der lange Weg zurück an allen Betten vorbei. Den langen Flur hinunter.

Einige Male habe ich große Angst, daß er stürzen

könnte. Auch diesmal dürfen wir wieder in den besonderen Fahrstuhl. In der Halle bringe ich ihn zu einer Bank, damit ich ein Taxi anrufen kann. Leider erfahre ich, daß das mindestens eine halbe Stunde dauern wird. Es ist Geschäftsschluß, und es gießt. In meiner Not rufe ich Hans an und bitte ihn, uns abzuholen. Glücklicherweise hat er Zeit und kann sich gleich auf den Weg machen. Wir verabreden, daß ich draußen auf ihn warte. Dies berichte ich Vater, wir begeben uns zum Ausgang. Wir bleiben im Eingang stehen, denn es schüttet tatsächlich. Nach wenigen Sekunden fragt er:

»Hans wollte uns doch abholen?«

»Ja, aber ich habe doch eben erst angerufen. Und es ist noch sehr weit zu fahren.«

»Oh.«

Das Schweigen hält ungefähr eine Minute an.

»Ja, aber es regnet doch so furchtbar. Er kann uns doch nicht in diesem Regen stehenlassen?«

»Nein, das macht er ja auch nicht. Er kommt gleich, in der nächsten Viertelstunde.«

»Oh.«

Eine kleine Pause tritt ein. Dann:

»Aber wieso dauert das denn so lange? Ob Hans uns vielleicht nicht finden kann?«

»Natürlich kann Hans das Westeinde finden.«

»Aber warum dauert das denn so lange?«

»Es dauert nicht lange. Wir stehen gerade eben erst hier.«

»Oh.«

Menschen strömen an uns vorbei, Besuchermassen aus dem Krankenhaus. Es regnet in Strömen. Schirme werden aufgespannt. Menschen rufen sich zu, Autos hupen. Ein Rollstuhlfahrer versucht, sich an uns vorbeizuzwängen. Ich muß Vater unterstützen bei seinem Versuch, zwei oder drei Schritte zur Seite zu gehen.

»Ja, aber jetzt wird es mir allmählich doch zu bunt. Warum kommt Hans denn nicht? Er läßt uns einfach stehen.«

Nochmals versuche ich ihn zu überzeugen.

»Na, ich muß es sehen, ehe ich es glaube.«

Hans hält ganz dicht vor uns, und ich sage:

»Was habe ich gesagt?«

Vater zeigt keine Überraschung. Wir bringen ihn nach Hause und begleiten ihn hinein, helfen ihm in seinen Sessel. Wir verabschieden uns und machen ihm Mut für den morgigen Tag.

Samstag, 8. Oktober

Vaters Geburtstag. Heute wird er neunzig Jahre alt. Ein unmöglicher Geburtstag, wie ihn kein Mensch so verrückt hätte erfinden können. Den Anfang macht ein Telefonanruf von Frau Selin, sie ist total in Panik.

»Bitte kommen Sie, Ihr Vater ist völlig niedergeschlagen, es geht ihm überhaupt nicht gut. Er will sich umbringen. Er wütet und rast. Er hat fürchterlich viel Petroleum verschüttet, oben auf das Teemöbel, eine einzige Pfütze. Ich habe das aufgewischt, denn wenn er nachher doch rauchen will, was kann dann nicht alles passieren. Aber den furchtbaren Gestank kriege ich natürlich so schnell nicht weg.«

Ich verspreche zu kommen, sobald ich meine Einkäufe erledigt habe.

Ich komme hinein und sehe Vater in seinem Sessel sitzen, er schaut ins Leere. Ich bücke mich, gebe ihm einen Kuß. Er sieht kurz hoch, schaut wieder ins Leere.

»Hier sitze ich nun, und keiner kümmert sich um mich.«

Ich versuche, ihm trotz allem zu seinem Geburtstag zu gratulieren. Ich gebe mir Mühe, etwas Ermutigendes zu sagen. Ich sage, daß alles gut wird, daß Mutter Fortschritte macht, daß sie in guten Händen ist.

»Ich will wissen, wie lange sie wegbleibt. Und wie ist das mit dem Geld, das geht doch auch ganz schief?«

»Gar nichts geht schief. Über Geld brauchst du dir schon gar keine Sorgen zu machen, das geht alles genauso weiter wie bisher.«

»Aber ich will auch wissen, was mit Mutter los ist. Warum haben sie sie in das Krankenhaus aufgenommen?«

»Ganz genau weiß ich das auch nicht, aber es ist sicher nichts Ernstes. Ich gehe jetzt einen Moment in die Küche, ich werde Kaffee kochen.«

»Warum willst du denn Kaffee kochen? Kommt denn überhaupt jemand? Es kommt doch sicher keiner zu meinem Geburtstag?«

»O doch, ich bin sicher, daß die Familie Selin nachher kommt, außerdem, wir beide mögen doch auch einen Kaffee, oder nicht?«

»Na, ich glaube nicht, daß ich das möchte. Ich möchte überhaupt nichts. Willst du heute noch zu Mutter?«

»Ja, heute nachmittag gehe ich zu ihr. Aber jetzt will ich erst einmal Kaffee kochen.«

Er meutert weiter, über Geld, über Mutter, über seinen Geburtstag. Ich muß wirklich laut werden, damit ich endlich in die Küche gehen kann.

Nach einer Stunde haben wir trotz Vaters mißgelaunter Miene, seinem unrasierten Gesicht und dem aufdringlichen Petroleumduft doch ein wenig festliche Stimmung erzwungen, Herr und Frau Selin, ihr Sohn, der fröhlich und sorglos durchs Zimmer hüpft, Hans und ich. Wir trinken Kaffee, wir essen Torte, wir überreichen unsere Geschenke. Vater bekommt Zigarren, Süßigkeiten, ein paar witzige Schnapsgläschen und ein Buch: »Ein Jahr Peking«, von J. Jutten. Vor allem das Buch macht ihm Freude, er hält es dicht vor sein Gesicht und blättert eifrig darin. Er bedankt sich etliche Male bei mir und bei Frau Selin, jedes Mal vergießt er ein paar Tränen dabei.

Der Tag kriecht voran. Die Unterhaltung macht seltsame Schnörkel, es gibt Augenblicke, die mich an früher erinnern, an Sketche aus den frühen Radiorevueprogrammen. Frau Selin bietet an, das Bett frisch zu beziehen. Sie geht zu Vater und fragt ihn:

»Wo ist der Wäschebeutel?«

»Was sagen Sie?«

»Wo ist der Wäschebeutel?«

»Ich verstehe Sie nicht gut.«

Langsam und deutlich sagt sie:

»Wo ist der Beutel für die schmutzige Wäsche?«

»Oh, Sie meinen den Wäschebeutel.«

Das Bett wird frisch bezogen. Ich hetze zum Krankenhaus, verbringe ein Stündchen an Mutters Bett. Sie erkundigt sich, wie es Vater geht, sagt aber kein Wort zu seinem Geburtstag. Offensichtlich hat sie kein Gefühl für das Datum, ich lasse es lieber so.

Wieder bei Vater, erzähle ich ihm, wie gut es Mutter geht und wie sehr sie auf den nächsten Geburtstag wartet, bei dem sie dann wieder dabeisein wird.

Wir sitzen noch am gedeckten Tisch, der Pudding ist noch nicht ganz gegessen, da schiebt Vater sein Schälchen beiseite und steckt sich eine Zigarre an. Aufmerksam betrachtet er den Rauch, den er langsam ausbläst.

»Ich hatte einen schönen Geburtstag, ich wurde nicht vergessen! Alle trüben Gedanken von heute morgen sind verschwunden.«

Er steht auf, geht ins hintere Zimmer. Aus dem Wäscheschrank holt er ein großes, fast nicht zu tragendes Album hervor. Es ist von vorn bis hinten voller Ansichtskarten, Ernte aus vielen Jahren. Blicke auf Städte. Damen mit schmachtendem Ausdruck. Glitzernde Weihnachtskarten. Sogar einige Exemplare aus dem vorigen Jahrhundert sind dabei.

»Bitteschön, Hans, das ist für dich. Das ist mein Geburtstagsgeschenk für dich.«

Montag, 10. Oktober

Das Telefon klingelt ununterbrochen. Wie in einem Fiebertraum rollen die Stimmen über mich hinweg. Frau Selin, ihre Stimme ist nervöser denn je, berichtet, daß Vater wütend ist auf alle Welt, vor allem auf mich, weil ich mich nie um ihn kümmere. Jemand vom Gesundheitsamt gibt mir den Rat, Vater vorübergehend zu mir zu nehmen. In einem gespannten, fast betäubten Zustand wähle ich nun selber verschiedene Nummern an in dem verzweifelten Versuch, zu einer Lösung zu kommen. Ich mache einen Termin mit der Sozialarbeiterin im Krankenhaus. Das erweist sich als dringend, denn Mutter soll nach Hause entlassen werden, und das muß um jeden Preis verhindert werden.

Genau in dem Moment, in dem ich zu dieser Verabredung fahren will, läutet das Telefon. Wieder ist die Schwester des Gesundheitsamtes am Apparat, sie sagt mit ruhiger Stimme:

»Es ist unerwartet ein Platz frei geworden in einem

Pflegeheim an der Van Blankenburgstraat. Dort können Sie Ihren Vater hinbringen.«

»Bringen?«

»Ja, oder kann er nicht mehr gehen?«

»Doch, aber das wird immer schwieriger, ich selber habe kein Auto, mein Mann ist nicht da, und ...«

Ich stolpere über meine Worte, aber die Schwester erklärt in unfaßbarer Ruhe:

»Oh, das macht nichts, ich schicke Ihnen einen Krankenwagen vorbei. Aber packen Sie ihm ein paar Kleidungsstücke ein, und es wäre schön, wenn Sie ihn begleiten könnten.«

Ich erstarre. Was soll ich tun? Zu gleicher Zeit ins Krankenhaus zu dem so dringenden Gespräch und Vater begleiten, seine Sachen einpacken? Ich weiß mir nicht zu helfen und rufe in meiner Not Frau Selin an. Ich erkläre ihr alles, überschlage mich in meinen Erklärungen, sie beruhigt mich.

»Gehen Sie jetzt ruhig zu Ihrem Gespräch, ich begleite dann Ihren Vater und suche ihm seine Kleider zusammen. Machen Sie sich keine Sorgen, ich werde das schon regeln.«

Ich nehme ein Taxi ins Krankenhaus, mit der Straßenbahn kann ich es jetzt nicht mehr schaffen.

Die Sozialarbeiterin erweist sich als eine äußerst verständnisvolle Frau. Doch ihre Erläuterungen bringen mich noch mehr aus der Fassung. Aber was ich aus diesem Gespräch mitnehme, was mir immer wieder durch den Kopf hämmert, ist dies: Mutter kann nicht im Krankenhaus bleiben. Sie darf nach Hause, aber sie ist nicht gesund genug, um zu Hause zu sein, für ein Pflegeheim für alte Menschen mit Bewußtseinsstörungen ist sie geistig zu rege, für ein Pflegeheim ist sie nicht gesund genug, sie müßte zuerst untersucht werden, damit die Tauglichkeit für eine bestimmte Unterbringung festgestellt werden kann. Es muß eine Pflege für sie dasein, die Situation ist eindeutig nicht tragbar, aber eine sofortige Lösung gibt es nicht. Die Sozialarbeiterin beschließt das Gespräch mit Versprechungen, die ermutigend, aber zugleich unrealistisch klingen.

Endlich bin ich wieder zu Hause und kann Frau Selin anrufen. Ich höre, daß der Krankenwagen noch nicht da ist. Sie hat einen Koffer gepackt mit Vaters Sachen und sitzt noch immer bei ihm. Er ist ganz und gar einverstanden mit seiner Heimunterbringung. Aber auch hier wird die Zeit knapp, denn Frau Selin hat ihren kleinen Sohn bei Nachbarn untergebracht, und da muß er abgeholt werden. Ich biete an, zu kommen, weiß aber nicht, wie ich es regeln soll, denn ich will auf jeden Fall noch zu Mutter. Wieder beruhigt Frau Selins Stimme:

»Lassen Sie nur, ich bringe ihn schon. Ich werde schon sehen, wie ich das machen kann. Sie können Ihre Mutter nicht im Stich lassen, das ist zu traurig.«

Also verbringe ich ein Stündchen an Mutters Bett. Ihre Stimmung ist einigermaßen, sie möchte ihre Armbanduhr haben und noch ein paar Kleinigkeiten.

Aus dem Krankenhaus fahre ich direkt zu Frau Selin. Sie hat Vater ins Pflegeheim begleitet. Es hat einen sehr freundlichen Eindruck auf sie gemacht, das klingt gut. Danach gehe ich nach unten. Ich betrete eine leere Wohnung, wo eine klamme Stille herrscht. Ich packe die Uhr und noch ein paar Sachen ein, kontrolliere die Gas- und Wasserhähne. Kurz gesagt, ich schließe mit dem Umdrehen der Schlüssel zu Haus und Garten definitiv eine trostlose Öde ab.

Dienstag, 11. Oktober

Eine dunkelhäutige Krankenschwester läßt mich herein.

»Ihr Vater sitzt bei den Damen.«

Ich betrete ein großes Zimmer. An allen vier Wänden stehen Stühle aufgereiht, auf jedem Stuhl sitzt eine kleine, runzlige Alte. Manche Frauen blicken lustlos vor sich, andere nicken ununterbrochen mit dem Kopf. Einige sehen hoch und folgen mir mit den Augen. Mitten im Zimmer steht ein Tisch, und an dem Tisch sitzt Vater. Er raucht eine Zigarre. Er sitzt ein wenig vorgebeugt und schaut aufmerksam auf den Fernseher, der in einer Ecke steht. Der Ton ist herzzerreißend laut, so daß ich ordentlich brüllen muß, um meinem Vater klarzumachen, daß ich da bin.

»Wie geht es dir hier?«

Er nimmt seinen Blick nicht vom Fernseher, aber er gibt Antwort. Er berichtet, daß ihm sehr schlecht gewesen sei. Aber jetzt bekomme er Abführtabletten, und das Essen sei sehr gut.

»Und hier gibt es sehr nette Schwestern, wirklich.«

Ich sehe ein Weilchen mit ihm fern, die Geschichte von Mose. Eine der Frauen an der Wand beginnt zu klagen:

»Es ist schon so warm hier, jetzt fängt der Mann auch noch an zu rauchen.«

Eine andere Frau nimmt ihn in Schutz. Sie zeigt mit Daumen und Zeigefinger:

»Ach, er hat doch nur noch so einen kleinen Stummel. Laß ihn doch.«

Auf der anderen Seite fangen zwei Frauen zu streiten an. Sie haben eine Papiertüte vor sich, darin ist eine halb verkrümelte, zerdrückte Schnitte Brot. In einem heftigen Höhepunkt des Streites fällt das Ganze auf den Boden.

Beide sehen darauf, Machtlosigkeit im Blick. Mit kurzen Bewegungen eines Schuhs wird alles unter einen Stuhl geschoben.

Dann sehe ich, wie Vater herzhaft lacht. Über das Körbchen des kleinen Mose, das über die Wogen hüpft. Er erkundigt sich noch, wie es Mutter geht, und ich stelle alles so rosig wie möglich dar.

Ich mache mich fertig zum Gehen, da sagt eine der nickenden alten Frauen zu mir:

»Wir haben es hier gut, sehen Sie. Wir haben es hier wirklich gut. «

Mittwoch, 12. Oktober

In den nächsten Tagen gilt es, Abschied zu nehmen. Von der Krankenschwester, die täglich nach Mutters Bein sah. Von den verschiedenen Mitarbeitern der Nachbarschaftshilfe. Von Frau Dogor, der Pflegerin. Ich höre noch viele verschwiegene Ereignisse.

Wie oft Mutter gestürzt ist, tagelang Kopfschmerzen hatte, mir das aber ängstlich verschwiegen wurde. Wieviel Lebensmittel schlecht geworden sind. Gemüse, Kartoffeln, Fleisch, alles verdorben. Manchmal waren die Sachen grün vor Schimmel, manchmal voller Fliegen oder kleiner Haare. Wie lange Mutter schon keine Lust mehr hatte: nicht auf eine ausführliche Wäsche, nicht dazu, ein hübsches Kleid anzuziehen oder ihre Medizin zu nehmen. Wie schwierig es wurde, die richtigen Einkäufe zu machen. Manchmal gab es Butter im Überfluß, aber kein Stück Brot mehr im Haus. Oder viele Beutel mit Kartoffeln, aber keinen Tropfen Milch.

Frau Dogor berichtet unter Seufzen:

»Vor allem Ihr Vater war sehr schwierig im Umgang.

Einmal habe ich Kaffee für ihn gekocht, ich dachte mir, eine schöne Tasse Kaffee werde ihm guttun. Als ich eingeschenkt hatte, sagte er: ›Nein, ich möchte lieber Tee.‹ Da habe ich den Kaffee in den Spülstein gekippt, tatsächlich, dann habe ich Tee gekocht. Als ich ihm dann den Tee hinstellte, sagte er: ›Nein, da möchte ich doch lieber Kaffee haben.‹«

Donnerstag, 13. Oktober

Dennoch muß ich noch einmal in die leere Wohnung, weil Mutter viel mehr Wäsche zum Wechseln braucht im Krankenhaus. Außer den benötigten Hemden, Nachthemden und Taschentüchern finde ich viele vergessene und zugleich erschütternde Dinge. Geschenke aus Jahren. Dinge, von denen wir uns manchmal gefragt hatten: Wo ist dies oder das nur abgeblieben? Aber weil andere Dinge uns ablenkten, vergaßen wir es wieder. Und jetzt finde ich sie wieder.

Ein Fotorahmen mit einem Bild von Hans und mir, fröhlich lachend bei einer Schultafel, auf der mit großen Kreidebuchstaben geschrieben steht: »Muttertag 1965«. Es liegt versteckt hinter einem Stapel nutzloser Gegenstände in der Veranda. Eine witzige Porzellanfigur eines Mädchens mit einem Miniaturtelefon am Ohr. Ich halte sie eine Weile in den Händen und setze mich hin. Ich erinnere mich an das lange Gedicht, das ich dazu geschrieben hatte, es war ein Geschenk zum Nikolaus. Jetzt liegt es in der Kammer, eingewickelt in Zeitungspapier.

Im Flurschrank finde ich ein großes Paket in einfarbigem braunen Papier, sorgfältig verschnürt. Ich öffne die dicken Schnüre, dann muß ich die Schere zu Hilfe neh-

men, denn das Papier ist noch einmal extra mit Klebestreifen versiegelt. Ein großer Karton kommt zum Vorschein. In dem Karton befindet sich ein ganz neuer,
wattierter Morgenmantel in schönen beigefarbenen und
gelben Tönen. Irgendwann hat Hans ihn Mutter zu
Weihnachten geschenkt, eine Überraschung, die mit
großer Freude quittiert wurde. Ich erinnere mich an die
festliche Atmosphäre, an den Weihnachtsbaum, an Mutters frohes Gesicht. Und später, viel später, sitzt sie wie
ein jämmerliches Häufchen am Ofen und friert in ihrem
alten, verknitterten Nachthemd.

Ich kann nicht anders, ich muß denken und fragen:
Warum?

Freitag, 14. Oktober

Es ist mir rätselhaft, wieso nicht eine Stunde vorbeigeht,
in der das Telefon mich zufriedenläßt.

In aller Frühe schon ist die allerliebste Sozialarbeiterin
am Apparat.

»Ich habe gehört, daß Ihre beiden Eltern aufgenommen
wurden. In dieser Form ist das Problem natürlich nicht
gelöst. Es muß noch allerhand geregelt werden. Aber ich
stelle mir vor, daß all das Reden Sie ermüdet. Sie müssen
jetzt erst einmal zu sich selber kommen. Also warten Sie
ruhig erst einmal ab und lassen den Dingen ein wenig
ihren Lauf.«

»Nein«, sagt eine andere Stimme, die der Krankenschwester, eine Stunde später, »jetzt müssen Sie wirklich
für einen Moment erst einmal sehr aktiv werden, denn es
steht eine ganze Menge auf dem Spiel. Der Arzt im
Krankenhaus möchte Ihre Mutter nach Hause schicken.
Ihr Vater ist sehr unzufrieden über das Pflegeheim, er hat

noch seinen Hausschlüssel in der Tasche und verkündet, daß er nach Hause gehen will. Wenn das alles wirklich eintrifft, dann wird es ein aussichtsloser Zustand, das müssen wir vermeiden. Sie müssen so schnell wie möglich Kontakt aufnehmen mit dem Krankenhausarzt und ihm klarmachen, daß Ihre Mutter unter den gegebenen Umständen nicht nach Hause entlassen werden kann. Eigentlich müßten Sie auch mit dem Arzt im Pflegeheim sprechen, um dafür zu sorgen, daß Ihr Vater seine Absichten nicht verwirklichen kann. Und sprechen Sie auch noch einmal mit der Nachbarin, die über ihren Eltern wohnt. Es ist unbedingt erforderlich, daß sie erklärt, nicht für Ihre Eltern sorgen zu können oder zu wollen. Sie muß sich einfach weigern. Ihr Vater versucht nämlich, die Gutherzigkeit seiner Nachbarin auszunutzen. Das ist selbstverständlich keine Basis, auf der wir Ihren Vater nach Hause zurückkehren lassen können.«

So rede ich also mit dem einen Arzt und mit dem anderen Arzt und mache Mutter einen Besuch im Krankenhaus. Ich kriege ein Gefühl, als wäre alles sinnlos, als rennte ich nur noch im Kreis herum, als widerspräche jeder jedem und als müsse erst irgend etwas Schlimmes geschehen, weil eine Lösung auf normalem Wege nicht zu finden ist.

Samstag, 15. Oktober

Heute finde ich Vater in einem Zimmer, in dem zwei Betten stehen. In dem einen Bett liegt ein Mann und schläft mit weit offenem Mund. Neben dem anderen Bett sitzt Vater. Er läßt mir kaum Zeit, ihn zu begrüßen. Er sagt sofort, in aggressivem Ton:

»Du, das finde ich richtig gemein von Hans, mich hier

unterzubringen, ich gehöre doch überhaupt nicht hierher. Das ist ja nur, weil er mich los sein will.«

Ich suche mir einen Stuhl und setze mich so nah wie möglich zu ihm, daß er mich gut verstehen kann. Ich erkläre so ruhig wie möglich, daß dieses nicht durch Hans' Zutun geschehen ist, daß es zu Hause zu schwierig wurde, daß hier zufällig ein Platz frei wurde und daß es um eine befristete Regelung geht. Allmählich entspannt er sich ein wenig. Ich schäle eine Apfelsine für ihn, und er beginnt, sich ganz normal zu unterhalten.

»Wie geht es Mutter?«

Die Tränen fließen.

»Es geht sehr gut. Sie schaut voller Zuversicht in die Zukunft.«

»Werden wir uns wiedersehen?«

»Aber selbstverständlich, denn so, wie es jetzt ist, ist ja noch nichts gelöst.«

Er spricht über die Möbel zu Hause. Über sein Obst, das sie ihm weggenommen haben. Über das Buch, das ihm zum Geburtstag geschenkt wurde. Die Wörter kommen träge, mühsam.

»Weißt du, was es ist?«

Er bleibt einen kurzen Moment ganz still, reibt sich die Stirn, zieht die Augenbrauen zusammen.

»Weißt du, was es ist? Ich bin nicht verrückt. Aber ich bin auch nicht normal.«

Ich habe mich schon verabschiedet und stehe schon an der Tür, da dreht er sich plötzlich um und ergreift meine Hand.

»Vielen Dank, daß du so gut zu mir bist.«

Unten in der Eingangshalle treffe ich eine freundliche, mütterliche Frau in einem weißen Kittel. Sie ist die Anstaltsärztin. Von ihr erfahre ich, daß Vater zweifellos

nicht mehr gesund genug ist für ein normales Altersheim. Sie will sich aber auf jeden Fall darum bemühen,
meine Eltern wieder zusammenzubringen. Sie erkundigt
sich:

»Kommen Ihre Eltern gut miteinander aus?«

Weil ich einen Moment erstaunt schweige, erläutert sie:

»Ja, es geschieht ziemlich häufig, daß ich mir Mühe
gebe, Ehepaare zusammenzubringen. Wenn es mir dann
schließlich gelungen ist, zeigt sich oft, daß der Zustand
noch viel unerträglicher wird, weil sie sich vertragen wie
Hund und Katz.«

Sonntag, 16. Oktober

Heute nachmittag eine Stunde an Mutters Bett gesessen.
Sie liegt ganz still, spricht wenig, sagt nur ab und zu, wie
schrecklich alles für sie dort ist.

»All diese weißen Kittel um mich herum. Scheußlich.
Ich will hier weg. Wie geht es Vater?«

»Oh, das geht gut. Du brauchst dir keine Gedanken
über ihn zu machen. Werde du nur erst selber wieder
gesund.«

»Ja. Die Sonne scheint mir ins Gesicht. Könntest du die
Gardine etwas zuziehen?«

Ich sage ihr, daß ich das nicht darf.

Sie legt sich ein Taschentuch übers Gesicht. Sagt durch
das Taschentuch hindurch: »Wie geht es Vater?«

Ich wiederhole, wie gut alles geht.

»Ich habe solchen Durst.«

Ich gebe ihr ein wenig Traubensaft zu trinken. Sie
verzieht ihr Gesicht.

»Nein, der ist zu sauer. Das mag ich nicht.«

Nach einer Stunde verabschiede ich mich, gebe ihr

einen Kuß. Ich gehe an den Betten vorbei, winke Mutter noch einige Male zu. Ich komme nach Hause und höre das Telefon.

»Hier ist Heim Sonnenschein. Ich soll Ihnen sagen, daß es Ihrem Vater gar nicht gutgeht. Sein Herz will nicht mehr.«

Eine Viertelstunde später sitzen wir an Vaters Bett, wieder ein weißes Bett. Vater liegt ganz still. Neben ihm steht ein großer Apparat, daraus werden zwei Stäbchen in seinen Nasenlöchern gespeist. Er merkt kaum, daß er Besuch hat. Ganz kurz öffnet er die Augen und spricht ein paar unverständliche Worte, von denen ich nur »Mutter« und »zusammen« verstehen kann. Ich versuche ihn zu beruhigen und sage ihm, daß wir unser Bestes tun. Darauf kommt keine Reaktion. Die Ärztin beschäftigt sich lange Zeit mit ihm. Es werden noch mehr Geräte gebracht und am Fußende aufgestellt. Die Ärztin geht sehr lieb und sanft mit ihm um. Vater versucht, die Stäbchen und die Klammer aus seinem Gesicht zu schieben, da sagt sie:

»Ja, mein Lieber, das nehme ich gleich weg. Das muß jetzt kurz sein, mein Bester.«

Dann wendet sie sich uns zu. Sie fürchtet, daß er es nicht schaffen wird.

»Ich bedaure das so sehr. Wir hatten ihn gerade soweit.«

Sie gibt ein paar praktische Hinweise. Sogar zur Wahl des Beerdigungsunternehmens. Wir sollen seinen schönsten Schlafanzug hervorsuchen. Für den Fall. Die Krankenschwester kommt und hilft, ihn zu suchen. Die Ärztin beugt sich wieder über Vater. Sie fühlt ihm den Puls. Während sie ihn noch hält, wendet sie uns ihr Gesicht zu, mit überrascht hochgezogenen Augenbrauen.

134

»Na, der Puls ist sehr viel besser als vorhin. Ja.«

Sie wartet einen Augenblick.

»Ja, der erholt sich zusehends. Ach, sollte er es doch schaffen?«

Ich fühle, wie ich erstarre. Ich sehe mich um in dem hellen Zimmer. Ein Bett, ein lackierter Nachttisch, der Fußboden, alles weiß. Es beängstigt mich, ich kann nicht mehr klar denken. Die Angst kriecht an mir hoch, schraubt mir die Kehle zu. Ich sehe mich vor etwas, dem ich entgehen möchte. Ich spüre den Schraubstock aus Problemen, die ich nicht deutlich unterscheiden kann. Alles wird verschleiert, aber aus der dumpfen Beklemmung kommt ein Gedanke messerscharf nach oben. Hartnäckig versuche ich, ihn zu verdrängen. Die Ärztin spürt meine Verwirrung, die sie verkehrt interpretiert. Sie stellt sich vor mich hin.

»Aber, Kind, sind Sie so durcheinander? Haben Sie solche Angst, Ihren Vater zu verlieren? Aber er hat doch ein wunderbares Alter erreicht. Neunzig, da dürfen wir doch nicht klagen. Außerdem, er spürt nichts durch die Spritzen, die ich ihm gegeben habe.«

Ich antworte nicht. Ich mache eine vage Kopfbewegung, ich weiß nicht, ob es Nicken oder Kopfschütteln ist. Die Ärztin sagt etwas zu der Krankenschwester. Sie bringt mir ein Glas Wasser und eine Tablette, zur Beruhigung. Ich nehme dies dankbar an, doch es hilft nichts. Meine Gespanntheit nimmt eher noch zu. Wie in einem weißen Nebel sehe ich, daß die Ärztin sich erneut über Vater beugt. Dann kommt sie wieder zu uns und redet auf ihre liebevolle beruhigende Art mit uns.

»Es kann jetzt jeden Augenblick zu Ende gehen. Aber es kann auch noch bis morgen früh dauern. Das kann niemand vorherwissen. Sie können ruhig nach Hause gehen, und Sie sollten sich nicht aufregen. Er weiß nichts, und er leidet nicht.«

Wir fahren im Auto zurück nach Hause. Hans meint, es sei ausgeschlossen, daß Vater auch dies übersteht. Er sagt es mit großer Sicherheit. Ich halte mich an diesen Worten fest.

Montag, 17. Oktober

Um halb acht läutet das Telefon. Eine liebe, sanfte Stimme meldet sich.

»Sie wissen sicher schon, was ich sagen will?«

Heute morgen ist Vater gestorben, um halb sechs. Ruhig und friedlich. Eine Stunde nach dieser Nachricht kommt der Herr vom Bestattungsinstitut. Er hat einen ganzen Stapel Papiere dabei und schreibt lange Sätze. Er überreicht mir ein dickes Buch, voller Bilder von Särgen, auf wunderschönem glänzendem Papier. Die Preisliste.

»Wollen Sie hieraus Ihre Wahl treffen?«

Ich gebe ihm das Buch wieder zurück.

»Nein, das wird nicht nötig sein. Es soll einfach der billigste Sarg sein, der in Ihrem Buch steht.«

Der Mann läßt fast alle seine Papiere fallen, sieht mich mit großen Augen an.

»Ja, der aller-allerbilligste. Das hat mein Vater jahrelang gesagt, immer wieder: der billigste Sarg, aus Sperrholz, keine Blumen, keine Reden, keine Show, nichts. Dann soll man das doch auch machen.«

Nachdem der Mann verschwunden ist, gehen wir in das Pflegeheim. Dort liegt Vater aufgebahrt. Ich bin erstaunt. Sein Gesicht ist noch immer glatt und frisch.

Seine Haare sind ordentlich gekämmt. Sein Mund ist entspannt.

Eine Krankenschwester gibt uns die letzten persönlichen Dinge: seinen Ehering, die Uhr. Eine Brieftasche. Sie enthält etwas Kleingeld und den Schlüssel der Kassette. Bevor wir uns vom Personal verabschieden, hören wir, daß dies ein seltenes Ereignis ist.

»Meistens sind die Menschen mindestens ein paar Monate hier, manchmal auch Jahre. Aber daß jemand nach einer Woche plötzlich stirbt, das erleben wir hier nie.«

Hans bringt mich nach Hause und fährt endlich selber ins Büro. Um ein wenig zu mir zu kommen, setze ich mich in den Garten. Das Wetter ist unwahrscheinlich schön. Ringsherum lärmen die Spatzen. Zwischen den unbewegten Blättern des Jasmin singt die Amsel. Nicht ihren überschwenglichen Frühjahrsjubel, sondern ganz zart und leise. Fast unhörbar leise. Es klingt wie eine kleine Elegie, nur für mich allein.

Wie lange ich draußen gesessen habe, weiß ich nicht mehr. Aber ein langsam wachsendes Gefühl der Befreiung steigt in mir auf. Die Spannung ist weg. Als hätte jemand einen Stecker aus der Steckdose gezogen.

Jetzt, wo alles vorbei ist, wird mir klar, wie unerträglich schwer die Last war. Ich könnte mich auch sehr schuldig fühlen. Denn ist es nicht furchtbar, ein Gefühl der Befreiung zu haben, stärker als alles andere, bei dem Tod jenes Menschen, dem ich das Leben verdanke? Aber ich weiß, daß es nicht nur mir so geht. Ich denke an alle, die unter dem Druck hochbetagter Eltern leiden. Nicht jeder, nein. Zum Glück nicht! Ich gerate in den Bann des Amselgeflüsters. Es ist, als würden schlummernde Erinnerungen geweckt. Gesprächsfetzen, vertrauliche Mitteilungen steigen auf. Ich weiß von Müttern, die in bemitleidenswerter Einsamkeit ihren Sohn unbarmherzig tyrannisieren. Von Vätern, die mit ihrem hohen Alter ihre Töchter geradezu erpressen. Und ich weiß von einer machtlosen Aggressivität bei den ersten Anzeichen von Senilität. In all diesen Fällen sind Expertenratschläge oft so wenig hilfreich. Oh, ja, die Ärzte haben recht, die schreiben: »Werde nicht böse, wenn deine Eltern nichts mehr behalten können. Du darfst einen alten Menschen nicht wie ein kleines Kind behandeln. Wenn ein Gespräch nicht mehr geht, gibt es andere Möglichkeiten, Kontakt zu halten: Berühren, eine Hand streicheln.« Aber wer kann verstehen, wie schwer es ist, den Druck zu ertragen? Die Vorwürfe auszuhalten? Das völlige Unverständnis dafür, daß Kinder ein Eigenleben haben mit Pflichten und Verantwortlichkeiten? Wie sollte auch ein Arzt, der selber noch jung ist, empfinden können, welchen zerstörerischen Einfluß solche Zustände haben können, wenn sie unentwegt und immerfort andauern? Natürlich, es ist für die Alten tragisch, und ich halte es für sinnvoll, daß viele Bücher geschrieben werden über die Rückentwicklung geistiger Fähigkeiten beim Menschen, und daß ein solcher Mensch dann den Kernpunkt des Buches bildet. Aber wir, die »Kinder mittleren Alters«, uns betrachte ich allmählich als eine vergessene Gruppe. Dieser letzte Gedanke setzt sich in mir fest. Eine Betrachtung, die mich verwirrt. Als ob ich etwas suchte, das ich nicht finden kann ...

Ich bemerke, daß die Amsel ihren schwermütigen Gesang beendet hat. Mitten im Spatzenlärm höre ich die Klingel. Da ist der Mann mit den Drucksachen an der Tür. Ich muß Adressen schreiben. Auf Briefumschläge mit schwarzem Rand.

Mutter ist mitsamt Bett in ein Extrazimmer gebracht worden, und dort wurde ihr Vaters Tod berichtet. Als ich komme, schläft sie. Ich wecke sie vorsichtig auf. Mit großen Augen sieht sie mich an.

»Vater ist tot. Ist das wahr?«

»Ja, Mama, das ist wahr.«

»Oh, ich dachte, ich hätte es vielleicht verkehrt verstanden.«

Sie beginnt zu weinen. Sie dreht sich um, drückt ihr Gesicht ins Kissen. Dann legt sie sich wieder auf den Rücken. Sucht ihr Taschentuch und wischt sich ein paar Tränen ab. Sie weint ununterbrochen. Manchmal spricht sie ein paar schluchzende Worte.

»Dies ist das Schlimmste, was mir je im Leben passiert ist.«

Etwas später: »Ich werde nie wieder ein richtiger Mensch. Am besten sterbe ich auch.«

Dann will sie wissen, wie es geschehen ist. Ich erzähle ausführlich, wie sanft und friedlich alles vor sich gegangen ist.

»Er hat es nicht gewußt, Mama. Er hatte keine Schmerzen, keine Atemnot, gar nichts. Und hat er nicht seit Jahren davon gesprochen, daß er sich einen sanften und schnellen Tod wünschte? Den hat er wirklich gehabt.«

Sie schweigt einen Augenblick und weint weiter. Dann sieht sie mich an und fragt:

»Du findest es doch auch schlimm? Oder nicht?«

Was soll ich denn jetzt antworten? Ich kann doch nicht sagen:

»Nein, Mama. Ich finde es nicht schlimm. Ich fühle mich befreit.«

Das kann ich doch unmöglich sagen! Aber ich muß es denken ... Ich gebe ihr einen Schluck Wasser zu trinken, bleibe eine Weile an ihrem Bett sitzen. Beim Abschied versucht sie kurz, mich anzusehen, dann weint sie weiter.

Mittwoch, 19. Oktober

Das Telefon läutet den ganzen Tag. Viele Menschen sprechen mir ihr Beileid aus. Auch die Frau des Hausarztes.

»Ich habe mich so erschrocken bei diesem unerwarteten Tod. Er sah doch noch so gut aus? Er klagte zwar viel und sprach über den Tod, aber das machte er schon seit Jahren. Ich habe diesen Gegensatz zwischen seinem wohlgemuten Äußeren und seinem negativen Reden nie verstanden. Und Ihre Mutter, weiß sie es schon?«

»Ja, im Krankenhaus haben sie es ihr erzählt.«

»Ach, wie traurig. Warum soll sie das nun alles noch verarbeiten? Ihr geht es doch soviel schlechter, als es Ihrem Vater ging. Ach, das ist doch wirklich tragisch.«

Bei meiner Ankunft im Krankensaal sehe ich schon von weitem Mutter aufrecht im Bett sitzen. Sie umklammert die weißen Stäbe ihres Bettes mit den Händen und hat ihre Augen unnatürlich weit aufgesperrt. Schon von weitem höre ich ihre Stimme.

»Wie geht's Vater?«

Ich antworte ganz leise:

»Aber Mama, er ist doch nicht mehr da.«

Sie beginnt zu weinen. Zwischen den Schluchzern:

»Ich hatte ja so gehofft, daß es ihm besser ginge. Daß ich es verkehrt verstanden hätte.«

Sie weint ununterbrochen. Die Dame im nächsten Bett erzählt mir:

»Sie kann es nicht verkraften. Es ist schrecklich anzusehen. Auch in der Nacht weint sie.«

Nach einigem Reden mit einem Krankenpfleger werde ich zu dem zuständigen Arzt gelassen. Ich werde in einem kleinen Zimmer von einem jungen Mann empfangen, der sich die Brille abnimmt und sie während des Gesprächs wieder aufsetzt.

»Ja, Ihre Mutter hatte eine kleine Entzündung an den Harnwegen und eine fiebrige Erkältung, aber nun ist das alles wieder in Ordnung. Was mich betrifft, darf sie nach Hause.«

»Aber, Herr Doktor, in diesem Zustand? Und dann in das leere Haus? Mein Vater ist gerade gestorben.«

»Oh, das tut mir aber leid. Mein herzliches Beileid.«

»Ich danke Ihnen. Aber wie soll das jetzt werden? Sie weint in einem fort. Es ging seit Monaten sehr schlecht mit ihr, und nun noch ohne meinen Vater?«

»Ja, sie kann schon morgen zur Beerdigung.«

»Beerdigung? Sie kann kaum gehen.«

»Aber wenn sie nicht mitgeht, fällt sie danach in ein tiefes Loch. Dann hat sie gar nichts mehr.«

»Ja, das hat sie aber auch so nicht. Aber in ihrem Zustand kann sie doch nicht ohne Pflege sein?«

»Nein, aber wenn ich sie hier liegen lasse, ist sie in wenigen Monaten tot.«

»Das wäre doch ein Segen.«

»Wie bitte?«

»Herr Doktor, eine Frau, die schon seit Monaten nicht mehr gesund ist, die nichts mehr behalten kann, die mich gerade noch gefragt hat, wie es meinem Vater geht, obwohl ihr gestern gesagt wurde, daß er gestorben ist,

die schon lange keine Freude am Leben mehr hat, die keinerlei Interesse mehr hat, die selbständig nichts mehr tun kann, die jetzt den Tod meines Vaters nicht verarbeiten kann, wäre es für diese Frau wirklich ein Segen, wenn sie noch lange leben könnte?«

»Wir beide sprechen auf verschiedenen Ebenen, leider.«

Er geht zur Tür, öffnet sie und macht eine Handbewegung in Richtung Flur. Ich gehe über die Schwelle, wende mich um und sage:

»Vielen Dank für die Zeit, die Sie sich genommen haben.«

Er verneigt sich ein wenig und schließt die Tür mit einem vernehmlichen Schlag.

Ich gehe zurück zu Mutter, die noch immer weint.

»Der Doktor ist zufrieden mit dir, du darfst nach Hause.«

»Nein, ich will nicht in das leere Haus.«

»Der Doktor sagt auch, daß du morgen mit darfst zur Beerdigung.«

»Nein, nein, nein. Ich will nicht zur Beerdigung.«

Sie weint und weint. In einer kurzen Pause verabschiede ich mich.

Donnerstag, 20. Oktober

Der Hausarzt weist darauf hin, wie wichtig es ist, daß ich noch einmal mit jemandem vom Gesundheitsamt spreche.

»Denn es muß auf jeden Fall vermieden werden, daß Ihre Mutter einfach so wieder nach Hause entlassen wird.«

»Wann sollte ich das denn tun?«

»So bald wie möglich. Können Sie nicht jetzt gleich hingehen?«

»Nachher ist die Beerdigung meines Vaters.«

»Ach ja, das stimmt ja. Nun, dann gehen Sie bitte morgen.«

Zu dritt sitzen wir in dem langsam fahrenden schwarzen Auto: Hans, sein Bruder und ich. Bei unserer Ankunft im Wartezimmer des Friedhofes sitzen dort schon drei Personen: Tante Nel, Frau Dogor, die getreue Hilfe der letzten siebzehn Monate, und Jopie, meine älteste Freundin.

Unter den Klängen des Largo von Händel betreten wir die Halle. Wir setzen uns. Wir hören »Aases Tod« von Grieg.

Ich sitze ganz still. Neige meinen Kopf. Erinnerungen durchströmen mich. Beerdigungen, an denen ich teilgenommen habe. Die Schwiegereltern. Verwandte. Freunde. Tränen, jedes Mal wieder.

Einen sehr lieben Freund hatte ich. Für unsere Freundschaft war die Musik ausschlaggebend. Bei der Abschiedsfeier wurde ein Lied von Schubert gesungen, Litanei, in einer wunderschönen Wiedergabe. Bei eben diesem Lied hatte ich ihn viele Male begleitet. Wir sollten das im Stehen hören, was ich kaum konnte. Wie sehr ich mich dagegen wehrte, ich zitterte und weinte. Jetzt würde ich gerne weinen können. Ich wollte, ich könnte es. Denn jetzt wird mein eigener Vater begraben. Aber keine Träne will fließen, was ich auch versuche. Ich setze mich aufrechter hin, sehe mich um. Alles ist im Einklang mit der emotionalen Leere in mir. Über den Sarg ist eine verblichene, abgeschabte Decke gebreitet, sie muß einmal grau gewesen sein. Keine Blumen, wie es sein

Wunsch war. Die Orgel stöhnt und seufzt. Der Organist zögert und verspielt sich. Der Mann im schwarzen Anzug steht leicht vornübergebeugt, mit seinem Zylinder ehrfürchtig in der Hand. Sobald die Orgel schweigt, drückt der Mann auf einen Knopf. Wir hören in der Ferne eine Klingel, und die Gardinen bewegen sich aufeinander zu, langsam und unter Knarren. Einen Moment später öffnen sie sich wieder. Der Sarg ruht auf den Schultern einiger Männer. Gemessenen Schrittes gehen sie nach draußen. Wir folgen ihnen. Der Organist müht sich ab mit dem ersten Präludium aus dem Wohltemperierten Klavier.

Dann folgt Stille. Lange Reihen von Grabsteinen. Vorsichtig gehen wir über die sandige, unebene Erde. Wir stellen uns rings um das Grab auf. Der Sarg gleitet weg, kommt auf halbem Wege zum Stillstand. Der Mann mit dem Zylinder sieht sich im Kreise um.

»Möchte jemand ein paar Worte sprechen?«

Sechs Köpfe schütteln nein.

Wir gehen langsam zurück und sitzen an einem weißen Holztisch. Kaffee wird eingeschenkt. Eine Schale mit einem aufgeschnittenen Sandkuchen steht auf dem Tisch. Tante Nel erzählt begeistert von ihrer Wohnung im Seniorenzentrum. Sie wohnt erst seit kurzem da und ist in ihrem Überschwang nicht zu bremsen. So gemütlich ist es dort. Und so komfortabel.

Nachdem wir dem Kaffee und dem Kuchen zugesprochen haben, danken wir für die Anteilnahme. Wir verabschieden uns von unserer Tante, von Frau Dogor, von meiner Freundin. Zu dritt fahren wir in dem schwarzen Auto nach Hause.

Sehr früh schon wieder setze ich mich zu Hans ins Auto. Er bringt mich in die Korte Vleerstraat, in das große Gebäude des Gesundheitsamtes, das ich inzwischen gut kenne. Wieder muß ich dem Pförtner erklären, warum ich gekommen bin. Ich fahre mit dem Fahrstuhl in den ersten Stock. Ich begegne reizenden Menschen, die mir gerne helfen wollen. Nur scheint das in dieser Situation unmöglich zu sein.

Wieder in den Fahrstuhl, jetzt in den zweiten Stock. Noch reizendere Menschen, die viel Zeit für mich haben. Sie lassen mich ausreden, dann erklären sie mir umständlich, nach welchen Regeln hier vorgegangen werden muß. Die junge Frau hinter dem großen Schreibtisch beugt sich zu mir und tippt mit dem Bleistift auf verschiedene Papiere, die vor ihr liegen.

»Es läßt sich nicht umgehen, Ihre Mutter erst nach Hause zu bringen. Ich verstehe, wie schwierig das in Ihrem Falle ist, aber wir dürfen keine Ausnahmen von dieser Regel machen. Denn sehen Sie, Ihre Mutter muß zuerst untersucht werden. Es muß festgestellt werden, in welchem Zustand sie ist. Nach Ihrem Bericht scheint mir, daß ihr Zustand nicht gut genug ist für ein normales Altersheim. Aber eine Aufnahme in einem Pflegeheim muß beantragt werden, entweder von einem Arzt des Krankenhauses oder von ihrem eigenen Hausarzt. Und dann, aber auch erst dann, muß geprüft werden, ob sie sich tatsächlich dafür eignet. Oder ist ihre Vergeßlichkeit in einem solchen Stadium, daß sie besser in einem Heim für geistig behinderte ältere Menschen untergebracht wäre?«

Ich setze mich auf den Stuhlrand und mache einen

verzweifelten Versuch, noch einmal zu erklären, daß es Unfälle geben kann, wenn meine Mutter allein in ihre verlassene Wohnung kommt, ohne meinen Vater, ohne ständige Betreuung.

Die junge Frau begleitet mich bis zur Tür. Das letzte, was ich von ihr sehe: beide Hände mit gespreizten Fingern. Ein Zeichen der Ohnmacht.

Samstag, 22. Oktober

Wie jeden Nachmittag sitze ich an Mutters Bett. Sie weint in einem fort, ich bemerke keine Änderung in ihrem Zustand. Eine Krankenschwester kommt zu mir mit der Mitteilung, daß ich ihr etwas zu trinken geben soll, denn sie droht auszutrocknen.

»Sonst muß sie an den Tropf, und das ist erst recht ein Elend.«

Es kostet große Anstrengung, Mutter einen Schluck trinken zu lassen. Sie reagiert verärgert.

»Warum lassen sie mich nicht zufrieden?«

Dann hält sie sich ein Taschentuch vor die Augen und weint weiter.

Am nächsten Bett sitzt eine Dame und betreibt Evangelisation. Mit klarer, durchdringender Stimme sagt sie:

»Jesus lebt. Es gibt Hoffnung für jeden.«

Mutter hört einen Augenblick auf zu weinen. Sie sieht mich an und fragt, wie Vaters Ende war. Ich erzähle alles noch einmal und bleibe so ruhig ich kann dabei. Sie schüttelt den Kopf.

»Darüber komme ich nie hinweg.«

Sie dreht mir ihren Rücken zu und weint weiter. Ab und zu zuckt ihr ganzer Körper.

Vom nächsten Bett schallt es zu uns herüber:
»Jesus ist für jeden da.«

Sonntag, 23. Oktober

Ein unübersichtlicher Sonntag. Ich wasche und bügle einen Stapel Nachthemden, denn Mutter braucht jeden Tag ein frisches. Zusammen sitzen wir eine Stunde an Mutters Bett. Sie hört einen Augenblick auf zu weinen, als sie sieht, daß Hans mitgekommen ist.

»Das ist aber lieb von dir, Hans. Nicht leicht für dich, nicht wahr? Du kannst diese Krankenhausluft doch überhaupt nicht ausstehen?«

Hans spricht ein paar aufmunternde Worte zu ihr, da beginnt sie wieder zu weinen.

»Ach, ich bin nur noch traurig. Das Leben hat für mich keinen Sinn mehr.«

Auf unserem Nachhauseweg fahren wir bei der verlassenen Wohnung vorbei. Es riecht muffig. Ein nicht ausgeleerter Aschenbecher steht noch herum. Auf dem Klavier ein Durcheinander von Medizinflaschen, Batterien, einem vergessenen Rezept. Wir haben den Schlüssel für Vaters Kassette dabei und holen sie aus dem Schrank. Wir stellen sie auf den Tisch, und ich stecke den Schlüssel ins Schloß. Ich hebe den Deckel, und wir stellen entsetzt fest, daß sich darunter nichts befindet. Keine Eheurkunde, keine Versicherungspolice, kein Geld, gar nichts.

Wir sehen uns an. In Gedanken höre ich Vaters Stimme, in endloser Wiederholung, wie ein basso ostinato:

»Wenn ich tot bin, könnt ihr hier alles finden... nie müßt ihr suchen...«

(Später finden wir alles, offensichtlich in panischer

Angst zwischen den Seiten verschiedener Bücher versteckt.)

Wir machen einen kurzen Besuch oben bei der Familie Selin. Ein paar Dinge müssen noch geregelt werden. Ich berichte von meinen Erfahrungen beim Gesundheitsamt. Frau Selin schweigt vor Mitgefühl. Ihr Mann regt sich auf.

»Aber hören Sie, das ist ja eine schreckliche Geschichte. Wie ist denn so etwas nur möglich? Ich kenne Menschen, die noch ganz gesund sind und seit Jahren in Pflegeheimen leben. Ihre Mutter ist schon lange nicht mehr in Ordnung, und die soll nun einfach so wieder nach Hause geschickt werden? Eine Schande ist das. Sicher gibt es Regeln, an denen festgehalten werden muß. Aber in einem solchen Fall ist das unerträglich. Dies finde ich einen unglaublichen Bürokratismus. Wir stehen mit dem Rücken zur Wand.«

Montag, 24. Oktober

Die Ruhe des Morgens wird schon früh zerrissen durch das Läuten des Telefons, das immer bedrohlicher wird. Aber diesmal handelt es sich um eine erlösende Nachricht. Ich spreche mit einer Krankenschwester, die die Funktion einer Sozialarbeiterin hat. Sie hat Mutter besucht und berichtet:

»Sie war ja so traurig. Sie tat nichts anderes als weinen, und ich konnte kaum zu ihr durchdringen. Mir ist ganz klar, daß diese Frau nicht nach Hause entlassen werden kann. Sie ist ein einziges Häufchen Elend.«

Ich halte den Hörer am Ohr, ich sitze ganz still, bewege mich nicht, wage kaum zu atmen. Die Stimme fährt fort:

»Heute haben wir Besprechung, und ich werde den Fall

vortragen. Es gibt noch ein paar praktische Probleme, die gelöst werden müssen, aber ich verspreche Ihnen, daß ich Sorge tragen werde, daß sie, wie auch immer, nicht nach Hause entlassen wird. Da können Sie ganz sicher sein.«

Ich versuche zu antworten und merke, wie meine Stimme versagt.

»Vielen, vielen Dank für Ihre Hilfe, für Ihre Aufmerksamkeit. Ich kann Ihnen gar nicht sagen, wie erleichtert ich bin, daß endlich jemand meiner Meinung ist.«

»Ja, das kann ich mir wirklich gut vorstellen. Es ist ja auch ein wirklich aussichtsloser Fall. Ach, wissen Sie, es wäre ein Segen, wenn der Herrgott sie zu sich rufen würde.«

Sie spricht noch weiter, freundlich, beruhigend. Sie schließt mit den Worten: »Ich halte Sie auf dem laufenden.«

Ich lege den Hörer hin und bleibe sitzen, wie betäubt. Diese unerwartete Hilfe, dieses plötzliche Verständnis. Ich finde einen Augenblick keine Worte für meine Empfindungen. Und da erscheint sie erneut in meiner Geschichte: die Sozialarbeiterin. Ein merkwürdiger Gedanke ist das. In diesem unübersichtlichen Wirrwarr aus Instanzen und Vorschriften, Ärzten und Experten scheint es immer sie zu sein, die als einzige Einblick hat in menschliche Verhältnisse im Zusammenhang. Oder ist auch das nur Schein?

Wie auch immer, in meiner Ratlosigkeit, die mich alle und jeden um Hilfe angehen läßt, ist diese Frau die einzige, die so mit mir spricht, daß ich empfinde: Hier bekomme ich Antwort und Unterstützung von einem mitfühlenden Menschen. Von einer Frau noch dazu, die außerdem ausreichenden Einfluß hat, um in einer augenscheinlich ausweglosen Situation einzugreifen. Nicht auszudenken, wenn es keine Sozialarbeiterin gäbe...

Dienstag, 25. Oktober

Tatsächlich, genau diese Sozialarbeiterin ruft mich schon früh am Morgen an. Sie hat einen Platz für Mutter gefunden.

»Ein kleines, freundliches Pflegeheim am Wassenaarseweg. Sie wird dort heute nachmittag um ein Uhr erwartet. Dann kann sie mit einem Krankenwagen aus dem Krankenhaus dorthin gefahren werden. Können Sie dann bitte auch dort sein? Denn sie so ganz allein transportieren zu lassen, das ist doch zu traurig.«

Es müssen ein paar Kleidungsstücke für sie eingepackt werden, denn, so meint die Schwester, in dem Pflegeheim wird sie wahrscheinlich angezogen und auf einen Stuhl gesetzt werden.

Ich gehe in das leere Haus, um Mutters Sachen zusammenzusuchen, und stopfe alles in einen Koffer. Unmögliche Dinge finde ich dabei. Ein Korsett, Foltergerät aus der Romantik. Ich suche einen Strumpfhalter, er erscheint mir viel sanfter. Vermutlich war das eine zu moderne Erfindung, ich finde keinen.

Um Viertel vor eins bin ich im Krankenhaus. Eine Viertelstunde zu früh, zur Sicherheit. Das erweist sich als übertrieben. Mutter sitzt schon neben dem Bett, auf einem Stuhl. Sie trägt einen Morgenmantel über ihrem Nachthemd. Sie lehnt am Bettrand, weint ganz leise, sieht mich an und sagt mit zitternden Lippen:

»Mir geht's wirklich gar nicht gut. Warum muß ich denn jetzt aus dem Bett?«

Ich sehe, daß das Bett schon ganz abgezogen ist, nur ein kleiner Unterleger liegt noch darauf.

»Mama, nachher wirst du abgeholt, dann fahren wir in ein Pflegeheim, wo viel besser für dich gesorgt ist als hier. Dies hier ist ein großes Krankenhaus, aber wo du hinkommst, ist es klein. Ich begleite dich.«

Sie zieht die Schultern hoch, legt ihren Arm etwas weiter auf das leere Bett und weint weiter. Ich stelle meinen Stuhl näher an das Bett und warte geduldig mit ihr. Der Krankenwagen wird jeden Augenblick kommen. Um zwei ist er noch nicht da. An den anderen Betten herrscht Betriebsamkeit. Eine Dame an der gegenüberliegenden Seite des Saales muß furchtbar husten. Ihr wird ein großes Gerät ans Bett geschoben, ringsherum werden die Vorhänge zugezogen, ein paar Krankenschwestern sind mit ihr beschäftigt.

»Husten Sie noch einmal, ja richtig. Noch einmal, vorsichtig, leise.«

Das Husten durchdringt den ganzen Saal.

Dann knarrt ein großer Wagen, der hereingeschoben wird. Die fahrende Bibliothek. Regale voller Bücher. Ich sehe, wie in mehreren Betten Menschen sich aufrichten, es herrscht offenbar ein reges Interesse.

Inzwischen ist es drei geworden, Mutter hängt immer schräger an das Bett gelehnt. Ich gehe zur Stationsschwester, um mich zu erkundigen. Ich höre, daß Mutter kein dringender Fall ist.

»Sie verstehen natürlich, daß ein Unfall vorgeht. Wir haben nur eine beschränkte Anzahl von Krankenautos.«

Eine Schwester kommt mit Tee vorbei. Mutter will nichts trinken, mir wird nichts angeboten.

Um vier beginne ich den Zustand für unerträglich zu halten. Mutters Weinen wird immer durchdringender.

Aus vielen Betten werden wir angesehen, es gibt Damen, die sich zu erregen beginnen. Ich höre, wie einige über uns reden.

»Verstehst du, wie sie so jemanden so lange warten lassen können? Wozu soll das gut sein?«

Endlich, um halb fünf, kommen zwei Krankenpfleger in den Saal herein. Innerhalb weniger Minuten liegt Mutter festgeschnallt auf einer Trage. Wir fahren mit einem besonderen Fahrstuhl nach unten und kommen in einen großen, zugigen Raum, wo das weiße Auto schon wartet. Mutter wird hineingeschoben, und ich darf neben ihr sitzen.

Der Empfang im Pflegeheim ist herzerwärmend. Die Schwester, die unsere Daten aufnimmt, ist voller Sorgsamkeit.

»Ja, es muß noch viel geschehen mit Ihrer Mutter. Ach, solche Dinge sind so schlimm. Jemand, der plötzlich so allein und verlassen ist. Aber ich glaube, daß wir noch viel erreichen können, mit viel Geduld.«

Danach darf ich noch eine kleine Weile bei Mutter bleiben. Sie liegt in einem kleinen, hübschen Zimmer. Ihr wird ein Schälchen mit süßem Brei gebracht, den sie mehr als zur Hälfte ißt. Dann sieht sie um sich.

»Wo bin ich hier?«

»Am Wassenaarseweg.«

»Oh? Dann liege ich hier sicher sehr gut.«

Zum ersten Mal sehe ich ein leises Lächeln in ihrem Gesicht.

Nachwort an die Leser

So hat alles sich ereignet. Genau so. Ich habe alles wahrheitsgetreu aufgeschrieben. Es ist gut, daß mein Schreiben nun seinem Ende entgegengeht. Denn während ich mich wieder damit beschäftigte, wurde ich erneut von einem Gefühl der Machtlosigkeit übermannt. Das geschieht mir auch immer, wenn ich versuche, anderen die Situation zu erklären. Manchmal geht es dabei um sehr gelehrte Menschen, die viel klüger sind als ich und die fast alles wissenschaftlich erklären können. Die aber dennoch nicht ermessen können, was dies alles mir bedeutet hat. Wie die hier beschriebenen Ereignisse einen Menschen bis in seine tiefsten Gefühle hinein erschüttern können. Oder vielleicht sollte ich sagen: bis in die Wurzeln hinein. Denn Eltern sind schließlich im weitesten Sinne die Wurzeln des Daseins, und wenn es dazu kommt, daß man diese ausreißen möchte, wenn nur noch der Gedanke bleibt: »Gäbe es sie doch nicht mehr«, dann geschieht etwas im Inneren einer Person. Von einem naiven Kind wird man zu einem zynischen Erwachsenen. Und sprechen kann man darüber nicht. Nur diejenigen, die eine ähnliche Geschichte wie ich erleben oder erlebt haben, werden sie wirklich verstehen können. O ja, ich bin sicher, daß es Menschen gibt, die sich wiederfinden werden in meinem verzweifelten Schreiben, denn etwas anderes ist es nicht. Und ich wende mich an all die »Kinder in mittleren Jahren«, die ich schon vorher als »vergessene Gruppe« bezeichnet habe.

Und bitte, hören Sie mir zu. Ich sage nicht, ich werde nie sagen: Laßt Vater und Mutter im Stich, überlaßt sie ihrem Schicksal, es ist einfach zu schwer. O nein. Ich rate dringend: Gebt ihnen Liebe und Aufmerksamkeit. Versucht es, so gut es geht. Es ist nicht immer leicht, ich weiß es. Laßt sie nicht spüren, wenn es alles unter Seufzen geschieht, denn wir dürfen nie vergessen: Niemand wird freiwillig auf kümmerliche Weise alt. Haltet durch. Bleibt innerlich so ruhig wie möglich (leicht gesagt!), und auch wenn ihr noch so sehr auf ihren Tod wartet, auch wenn ihr das Ende herbeisehnt (wie ich): Seid zuversichtlich!

Ein Gedanke noch, der befreit und den ich deswegen so gerne an meine Leser weitergeben möchte. Nicht, weil dies etwa schon die Lösung wäre. Eine Lösung gibt es nicht. Aber dieses Buch beabsichtigt durchaus, eine Befreiung zu sein von der quälenden Angst vor Schuldgefühlen. Denn daran herrscht Bedarf – ganz sicher.

Der Schluß meiner Geschichte

(Einige Jahre später aufgeschrieben)

Nach Vaters Tod ging es Mutter sehr schlecht. Als sie ins Pflegeheim eingeliefert wurde, dachte sogar der Arzt, daß es nicht mehr lange dauern werde. Sie konnte nicht gehen, nicht stehen. Sie sprach kaum, verstand wenig. Der Arzt erzählte mir von ihren Reaktionen. Er hatte sie untersucht und dann gefragt:

»Wissen Sie jetzt, wer ich bin?«

Mutter hatte ihn genauestens betrachtet, sein Gesicht, seinen weißen Kittel, dann hatte sie bestimmt geantwortet:

»Natürlich. Sie sind der Milchmann.«

Es war alles so traurig, daß ich nur einen Wunsch hatte: daß sie Vater bald folgen dürfte. Die einzige Lösung für sie selber. Für mich Befreiung von Sorgen und Problemen, endlich. Ich hatte davon genug gehabt, so dachte ich.

Aber es kam anders. Es ging ihr besser. Eine Schwester begrüßte mich eines Tages mit den Worten:

»Ihre Mutter geht!«

Und tatsächlich, mit Hilfe eines Gestells bewegte sie sich durchs Zimmer. Alles wurde in einem solchen Tempo besser, daß sogar der Arzt erstaunt war. Ihr Appetit kam zurück, ihre Stimmung verbesserte sich, und sogar ihr Gedächtnis erholte sich zum größten Teil.

Zweimal in der Woche besuchte ich sie. Dann setzte ich mich ganz dicht neben sie. Unsere Gespräche blieben oberflächlich, betrafen nie etwas anderes als kleine, häusliche Angelegenheiten. Sie vergaß noch immer vieles, aber dennoch entwickelte sich in den zwei Jahren, die ihr noch blieben, ein Kontakt, der uns beiden guttat. Sie freute sich immer über mein Kommen. Und ich fühlte etwas wiederkehren, das mir lange gefehlt hatte: ein harmonisches Gefühl der Zusammengehörigkeit.

Ich glaube, in den Jahren davor glich ich einer Pflanze, die, grob von ihren Wurzeln abgerissen, nirgends einen Halt finden konnte. Jetzt, langsam, allmählich, setzte sie wieder neue Wurzeln an, die Wärme und Schutz fanden in der sicheren Erde. Es machte auch nichts mehr, daß Mutter sich nur noch an ihre Kindheit und Jugendzeit erinnerte, daß sie noch immer jedem, der es hören wollte, erzählte, wie schön ihre Zeit beim Tierarzt gewesen war.

Die anderen Damen berichteten mir, daß sie noch immer weinte um meinen Vater, aber daß sie dann sagte, er sei gar nicht gestorben. Er sei böse weggelaufen. Ich wollte ihr das nur nicht erzählen, um ihr diesen großen Kummer zu ersparen. Darum hätte ich erfunden, daß er gestorben sei.

In diesem Heim hat sie viele schöne Dinge erlebt. Eine Schiffsreise. Feste zum Geburtstag und zum Nikolaus. Dennoch wurde sie immer ein bißchen weniger. Sie hatte eine Gehirnblutung. Es war nicht sehr schlimm, nur konnte sie danach nicht mehr so gut sprechen. Sie brauchte einen Herzschrittmacher, dafür mußte sie in ein Krankenhaus eingeliefert werden. Sie fürchtete sich nicht davor, ihr war alles recht. Sie erklärte mir:

»Ich muß kurz in ein Krankenhaus. Dort steht eine große Maschine, daran werde ich angeschlossen, dann geschieht etwas von innen, und dann ist mein Herz wieder in Ordnung. Der Doktor sagt, es geht alles ganz schnell.«

Sie nahm alles hin, wir waren ohne Spannungen. Es hätte meinetwegen noch lange so weitergehen dürfen. Aber ihr Zustand verschlechterte sich. Sie konnte kaum noch gehen, sie mußte sich an allem festhalten. Sie konnte immer weniger behalten. Selbst ihre Kindheit und der Tierarzt verschwanden. Sie erlebte noch einen Höhepunkt: Nikolaus. Sie erzählte mir danach von den schwarzen Knechten, die musiziert und sie geneckt hatten. Es war das letzte Mal, daß ich sie lachen sah. Eine Woche später lag sie im Bett. Die Schwester sagte: »Ach, nur eine kleine Erkältung.« Zuerst glaubte ich ihr. Aber dann wollte sie nicht mehr essen. Und wir verstanden beide, daß das Ende sich näherte. Sie war einverstanden damit.

Beim letzten Mal, an dem ich an ihrem Bett saß, verabschiedete sie sich von mir. Mit wenigen Worten. Mit einer einzigen Gebärde: Lange hielt sie meine Hand fest, preßte meine Finger an ihre Lippen in einer letzten Zärtlichkeit. Eine friedvolle Rührung umgab uns. Ich wußte, daß ich nicht mehr mit ihr würde sprechen können.

Am Tag vor Weihnachten, Heiligabend, war ihre Zeit gekommen. Wir standen an ihrem Bett. Sie atmete schwer. Ich bekam fürchterliche Angst, ich konnte die Last des Unwiderruflichen nicht ertragen. Der Arzt versicherte mir: Sie hat keine Schmerzen, sie ist nicht bei Bewußtsein.

Wir gingen nach Hause. Dort stand der Weihnachtsbaum in grellem Glanz, Wunschkarten an der Wand, alles war mir fremd. Die leitende Schwester am Telefon: Mutter ist gestorben, in Ruhe.

Am ersten Feiertag besuchten wir sie. Ihr Mund war ein ganz klein wenig geöffnet: ein kleines Lächeln, endlos wehmütig.

In der Woche nach Weihnachten wurde sie beerdigt.
Auf ihrem Sarg lagen Blumen.
Ich habe geweint.

Wilhard und Kristin Becker
Glaube in wachsenden Ringen
Unsere religiöse Erziehung
Mit Michael, Karen, Markus, Kathrin und Christoph
160 Seiten, sieben Porträtfotos, gebunden

Die Autoren haben einen ungewöhnlichen Weg eingeschlagen,
um dieses Thema zu entfalten. Sie haben ihre eigenen fünf
Kinder, die inzwischen erwachsen sind, aufgefordert, zu schildern, wie sie ihre religiöse Erziehung erlebt haben und heute
darüber urteilen. Beckers selbst geben auch Auskunft über ihre
eigene frühe Prägung durch ihr jeweiliges Elternhaus. Auf diese
Weise ist so etwas wie die Innenansicht einer christlichen
Familie entstanden, die ursprünglich baptistisch ist.
Da sich hier ein Elternpaar dem Urteil seiner fünf Kinder stellt,
werden Maßstäbe und Folgen einer religiösen Erziehung deutlich, und es wird vor allem sichtbar, wie untrennbar sie mit
dem Verhältnis der Eltern zueinander, mit ihrem eigenen Werdegang und der gesamten Erziehung zusammenhängt.
Im zweiten Teil des Buches geben Kristin und Wilhard Becker
Auskunft über ihren Umgang mit Themen wie Beten, Angst,
Schuld, Vergebung, Sexualität und Schule. Für sie war und ist
es wichtig, Kinder als Partner ernstzunehmen und sie zu begleiten auf dem Weg zu einem persönlichen und nicht allein
konfessionell gebundenen Glauben.

Kreuz Verlag

Hans Jürgen Schultz (Hrsg.)
Die neuen Alten
Erfahrungen aus dem Unruhestand
265 Seiten mit 20 Porträtfotos, kartoniert

Die Zahl der alten Menschen wächst, die Lebenserwartung
steigt. Im Verhältnis zu den Jüngeren bekommt die alte Gene-
ration immer mehr Gewicht. Für dieses Phänomen gibt es
keinen Vergleich mit früheren Zeiten, und es wird, zumindest
in den Industrieländern, in den nächsten Jahrzehnten dazu
führen, daß 33 Prozent der Bevölkerung zu den Älteren und
Alten zählen. Führt das zu einer „Ergrauung" der Gesellschaft,
oder besteht die Chance, daß die „neuen Alten" ihr neue
Impulse geben? Dieser – noch ungewohnten und wenig be-
dachten – Frage gehen die Beiträge dieses Sammelbandes nach.
Ein großes Umdenken aller Generationen ist nicht nur wün-
schenswert, sondern im Blick auf die nächste Zukunft notwen-
dig, sollen Haß, Verhärtung und eine daraus rührende Krise
die Gesellschaft nicht unversehens überrollen. Erfahrungen
aus dem Unruhestand von prominenten Autoren geben der
Zukunftsvision von einer kommenden Altenkultur Gewicht.

Fritz Riemann
Die Kunst des Alterns
Hrsg. von Siegfried Elhardt und Doris Zagermann
140 Seiten, gebunden

„Gemäß der Zielsetzung der Psychotherapie, Ursachen seeli-
scher Probleme bewußt zu machen und sie dadurch in den Griff
zu bekommen, besteht eine Leistung des Buches darin, Zu-
sammenhänge typischer Altersphänomene mit der ganzen Le-
bensgeschichte auch dem Laien einsichtig zu machen. Riemann
zeigt dem aufgeschlossenen Leser Wege, sich selber und andere
besser zu verstehen, damit auch, sich selbst helfen zu können."
Dr. Ute Seebauer im Familienfunk des Bayerischen Rundfunks

Kreuz Verlag